studio d
Die Mittelstufe

Deutsch als Fremdsprache
Unterrichtsvorbereitung
mit Kopiervorlagen und Tests

B2/1

von
Britta Winzer-Kiontke
Ulrike Würz
sowie
Christina Kuhn

Tests:
Nelli Pasemann

Cornelsen

studio d – **Die Mittelstufe B2/1**
Deutsch als Fremdsprache
Unterrichtsvorbereitung

Im Auftrag des Verlags erarbeitet von
Britta Winzer-Kiontke und Ulrike Würz
sowie Christina Kuhn

Tests: Nelli Pasemann

Herausgeber der Reihe studio d:
Hermann Funk

In Zusammenarbeit mit der Redaktion:
Dagmar Garve

Illustrationen: Lisa Rock

Layout und technische Umsetzung:
zweiband.media, Berlin

Umschlaggestaltung: hawemannundmosch,
buero für gestaltung, Berlin

Umschlagfoto: © Getty Images (RF),
John Foxx

Symbole

- Ziel
- Hinweis
- Alternative
- Binnendifferenzierung
- Material
- Projekt
- Einzelarbeit (E)
- Partnerarbeit (PA)
- Kleingruppe (KG)
- Plenum (PL)

Abkürzungen

KT	Kursteilnehmer und -teilnehmerinnen
KL	Kursleiter und -leiterinnen
KV	Kopiervorlagen
HV	Hörverstehen
LV	Leseverstehen
Wdh.	Wiederholung

www.cornelsen.de
www.cornelsen.de/studio-mittelstufe

1. Auflage, 3. Druck 2013

Druck: H. Heenemann, Berlin

ISBN: 978-3-06-020095-5

Inhalt gedruckt auf säurefreiem Papier aus nachhaltiger Forstwirtschaft.

Inhalt

studio d – Das Konzept 4

Start B2 25

1  Von Feen und Prinzen 29

2  Mein gutes Recht 34

3  Digital zu Hause 40

4  Einfach lecker?! 47

Station 1 53

5  Natur pur 55

6  Viel Arbeit 62

7  Wo die Liebe hinfällt 67

8  Lesezeichen 73

Station 2 79

Kopiervorlagen 83

Tests 96

Lösungen zu den Tests 112

Glossar 115

studio d – Die Mittelstufe B2: Das Konzept

Der Lehrwerksverbund auf einen Blick

studio d – **Die Mittelstufe B2** ist ein international einsetzbares Lehrwerk, das sich an erwachsene Lernende mit Vorkenntnissen auf B1-Niveau des Gemeinsamen europäischen Referenzrahmens (GER) richtet. Es ist eng an der Niveaustufe B2 des GER orientiert und bereitet auf die Prüfungen *Goethe-Zertifikat B2* bzw. *telc Deutsch B2* vor. studio d – **Die Mittelstufe B2** begleitet die Lernenden beim Deutschlernen im Kurs und zu Hause. In den beiden Teilbänden B2/1 und B2/2 werden jeweils acht Kurseinheiten mit thematischer und grammatischer Progression angeboten, die im Übungsteil vertieft und ausgebaut werden. studio d – **Die Mittelstufe B2/1** enthält im Kursbuch Materialien und Anregungen für ca. 80 Stunden Deutschunterricht und ist Teil eines multimedialen Lehrwerksverbunds.

Um das umfangreiche Material sachgerecht einsetzen zu können, werden im Folgenden die einzelnen Komponenten des Lehrwerksverbunds kurz vorgestellt.

Das Kurs- und Übungsbuch

Das Kursbuch steht im Zentrum des Lehrwerksverbunds. Es ist die Basis des Unterrichts im Kurs und macht Vorschläge für die Organisation der Kursarbeit. Das Kursbuch B2/1 gliedert sich in acht Einheiten, in denen in transparenten Lernsequenzen kommunikative Szenarien aufgebaut und sprachliche Handlungen, Aussprache, Wortschatz und Strukturen auf der Basis interessanter und abwechslungsreicher Themen eingeführt, vertieft und angewendet werden. Mit einer flacheren B2-Progression und gezielten Wiederholungen ausgewählter Bereiche des B1-Stoffes in den ersten vier Einheiten erleichtert studio d – **Die Mittelstufe B2/1** allen Lernenden den Einstieg in den B2-Kurs und in das Lehrwerk. Vorerfahrungen mit studio d **A1–B1** sind nicht nötig. Die Kursbucheinheiten werden durch eine Starteinheit und zwei Stationen ergänzt. Die Starteinheit lädt in das Lehrwerk ein, macht Lernende und Lehrende mit den wichtigsten Symbolen und Hinweisen vertraut und bietet eine schnelle Orientierung im Kursbuch.

Die acht Kursbucheinheiten schließen jeweils mit einer Seite „Fit für Einheit …" ab, die der Wiederholung des Stoffes der zurückliegenden Einheit und der Selbstevaluation der Lernenden dient. Auch die beiden zusätzlichen Stationen sind der Wiederholung und dem Training wichtiger Sprachhandlungen und der Grammatik gewidmet. Sie bieten durch die Magazinseiten vielfältige Lernanregungen, führen jedoch nicht in neue Sprachhandlungen und grammatische Strukturen ein. Da viele Lernende die deutsche Sprache für berufliche Zwecke erlernen, beginnen die beiden Stationen mit einem Training berufsspezifischer Schlüsselqualifikationen, das in unterschiedlichen Szenarien der Arbeitswelt stattfindet.

Zur Wiederholung und thematischen Erweiterung der in den Einheiten eingeführten Strukturen bietet der Übungsteil die passenden Übungseinheiten, an die sich jeweils noch eine Seite zum gezielten Training von Wortschatz und Wortverbindungen anschließt. In den Übungen ist das Training von Testformaten integriert. Darüber hinaus wird nach der vierten und nach der achten Einheit gezielt auf die Prüfungen für das B2-Niveau vorbereitet (*Goethe-Zertifikat B2* und *telc B2*). Im Referenzteil enthält studio d – **Die Mittelstufe B2/1** eine Grammatikübersicht sowie die Transkripte der Hörtexte, die nicht in den Einheiten und im Übungsteil abgedruckt sind. Der Lösungsschlüssel zu den Aufgaben und Übungen des Kurs- und Übungsbuchs liegt als separates Heft bei.

Auf der Audio-CD, die ebenfalls dem Kurs- und Übungsbuch beiliegt, befinden sich die Hörtexte des Übungsbuches, so dass die Lernenden auch außerhalb des Kurses selbstständig ihr Hörverstehen und ihre Aussprache trainieren können.

Die Audio-CDs zum Kursbuch
Die separaten Audio-CDs enthalten alle Hörmaterialien des Kursbuchteils und sind für die Arbeit im Kursraum unverzichtbar. Die Interviews, Dialoge, Lieder, Radio-Beiträge und vieles mehr sind integraler Bestandteil der Aufgaben zum Training des Hörverstehens und der Aussprache im Kursbuch.

Trainieren und Testen
Das Sprachtraining stellt zusätzliches Trainingsmaterial für die Einzelarbeit und für Intensivkurse bereit. Es erweitert das Kursbuch thematisch, trainiert Strukturen, Hörverstehen und Wortschatz sowie die Anwendung von Lernstrategien und fördert das vernetzte Denken. Mit der integrierten Testvorbereitung und dem Lösungsschlüssel bietet es zusätzliches Trainingsmaterial für alle, die sich auf eine B2-Prüfung vorbereiten möchten.

Die Video-DVD
Das Video zu studio d – **Die Mittelstufe B2** bietet eine Reihe authentischer Videoclips. Die Clips orientieren sich an den Kursbuchthemen der Bände B2/1 und B2/2 und können jeweils begleitend oder zur Nachbereitung einer Kursbucheinheit eingesetzt werden. Über den Lernstoff des Kursbuches hinaus bietet das Video mit seinem reichen landeskundlichen Bildmaterial zahlreiche Anlässe zur Kommunikation im Kurs; sein Einsatz belebt den Unterricht und fördert die Motivation.

Die Unterrichtsvorbereitung interaktiv
Die CD-ROM bietet sich für alle Lehrenden an, die den Unterricht gerne am PC vorbereiten möchten. Hier stehen alle Materialien des Lehrwerksverbunds zur Verfügung: die Kurs- und Übungsbücher B2/1 und B2/2 in einer verkleinerten Abbildung, die didaktischen Kommentare und die Lösungen zu den Aufgaben und Übungen der Kursbücher, außerdem Arbeitsblätter und Tests als ausdruckbare Kopiervorlagen, die Hörtexte und ihre Transkriptionen sowie die Videoclips mit Übungen. Mit Hilfe der Werkzeuge können nach Bedarf der Zielgruppen zusätzliche Arbeitsblätter erstellt werden, und das Textanalysetool unterstützt Sie bei der Wortschatzkontrolle, wenn Sie eigene Texte an den Lernstand Ihres Kurses anpassen möchten. Alle Kommentare und Notizen zur Unterrichtsvorbereitung stehen als Formblätter zur Verfügung. Sie lassen sich ausdrucken und können als Dateien gespeichert und mit Kolleginnen und Kollegen ausgetauscht werden.

Die Unterrichtsvorbereitung/Handreichungen für den Unterricht (Printfassung)
Für alle, die lieber ohne PC den Unterricht vorbereiten, enthält die Printfassung der Unterrichtsvorbereitung zu den Bänden B2/1 und B2/2 neben der Einführung Kommentare zu den Aufgaben des Kursbuches sowie Hinweise und Vorschläge zur Unterrichtsgestaltung und zu weiterführenden Projektaufgaben. Der Übungsteil ist, von einigen Ausnahmen abgesehen, nicht kommentiert. Darüber hinaus bieten die Printfassungen ebenfalls Arbeitsblätter und Tests als Kopiervorlagen.

Die Internetseite www.cornelsen.de/studio-mittelstufe
Die Internetseite bietet nicht nur aktuelle Informationen rund um den Lehrwerksverbund von studio d – **Die Mittelstufe B2**, es werden auch zusätzliche Kopiervorlagen, thematische Dossiers und Podcasts zur Ergänzung des Unterrichts zum Download angeboten.

studio d – Die Mittelstufe B2: Das Konzept

Was bleibt? – Die sieben Grundprinzipien und Qualitätsmerkmale von studio d auf einen Blick

1 Konsequente Orientierung am Gemeinsamen europäischen Referenzrahmen

Die Kann-Beschreibungen aus *Profile deutsch* werden transparent umgesetzt:

Besondere Berücksichtigung der in *Profile* aufgeführten Textsorten und Kompetenzfelder

Textsorten

Zeitungsartikel
Ratgeber
Lebenslauf
Stellenanzeige
Bewerbungsschreiben

Sprachhandlungen

über Rechte und Pflichten sprechen
Wissen und Nichtwissen ausdrücken
Vermutungen äußern
sich beschweren
Konflikte lösen
einen Beschwerdebrief schreiben
Ratschläge geben

Auszug Inhaltsverzeichnis

Systematische Vermittlung von Sprachhandlungen und Routinen

c) Diskutieren Sie die Vor- und Nachteile beider Medien. Die Redemittel helfen.

Redemittel

Stellung nehmen (zu Vor- und Nachteilen)
Ich sehe (k)einen Nachteil/Vorteil darin, dass ... / Es ist (k)ein Nachteil/Vorteil, dass ...
Das ist (doch) (ganz eindeutig) ein Vorteil/Nachteil!
Ich habe das Gefühl / den Eindruck, dass es (wirklich) von Vorteil ist / nachteilig ist, ...
Es spielt (doch/aber) keine Rolle, dass/wenn ... / Spielt es denn eine Rolle, dass ...?
Findest du / Finden Sie wirklich, dass das von Vorteil / Nachteil ist?
Worin soll (da) der Nachteil/Vorteil von ... liegen?

Einheit 8, S. 95

Lernerleichterung über Merkhilfen

Minimemo

Hauptsatz: Das konjugierte Verb steht auf Position 2.

Nebensatz: Das konjugierte Verb steht am Ende.

Einheit 4, S. 49

Transparente Auflistung der Lernziele

Hier lernen Sie

- (Nicht-)Wissen ausdrücken, vermuten, etwas erfragen, sich beschweren, Konflikte lösen
- über Rechte und Pflichten sprechen
- einen Beschwerdebrief schreiben
- Infinitiv mit *zu*: Perfekt
- sich (höflich) beschweren
- Wdh.: Infinitiv mit *zu*: Präsens, Konjunktiv II (Ratschläge geben)

Einheit 2, S. 25

Portfolioarbeit

8 Als Ranger arbeiten. **Können Sie sich vorstellen, in diesem Beruf zu arbeiten? Schreiben Sie einen Text.**

Ich-Texte schreiben

Ich kann mir gut / nicht gut vorstellen, als Ranger zu arbeiten, denn ...
Der Beruf wäre genau richtig / nicht richtig für mich, weil ... /
Ich arbeite (nicht) gern in/mit ..., deshalb ...
Ich habe ein besonders großes / kein Interesse an ...
Ich glaube, als Ranger verdient man gut/schlecht, deshalb ...
Sein Geld in der Natur zu verdienen, finde ich (nicht) gut, weil ...

Einheit 5, S. 67

studio d – Die Mittelstufe B2: Das Konzept

2 Deutschlernen für Freizeit und Beruf

Hier lernen Sie
- über Arbeit diskutieren, über Arbeitssuche und Bewerbung sprechen
- Fragen zum Lebenslauf stellen und beantworten
- einen tabellarischen Lebenslauf schreiben
- ein Bewerbungsschreiben verfassen
- Nomen-Verb-Verbindungen
- Hauptakzent bei Komposita

studio d – **Die Mittelstufe B2** berücksichtigt in besonderer Weise berufliche Themen und Sprachhandlungen.

Einheit 6, S. 73

2 Der Weg zum Job

1 Eine Arbeitsstelle finden. **Welche Möglichkeiten kennen Sie? Sammeln Sie im Kurs.**

Man kann am Schwarzen Brett schauen.

2 Bewerbung per E-Mail

Ü 9–10

P telc

a) Lesen Sie den Text und ordnen Sie die Überschriften den Textabschnitten zu. Markieren Sie die Wörter, die Ihnen bei der Zuordnung helfen.

a Nach wie vor: Die Form ist wichtig
b Von der Suche bis zur Antwort: alles online
c Online-Bewerbungen: preiswert und praktisch

Die Online-Bewerbung – in vielen Branchen schon Standard

Einheit 6, S. 74

3 Umfassendes Angebot für mediengestütztes Lernen und Lehren

Das breite Medienangebot kann entsprechend den individuellen Bedürfnissen und institutionellen Gegebenheiten flexibel genutzt werden.

4 Berücksichtigung neuerer Erkenntnisse aus der Zweit- und Fremdsprachenerwerbsforschung

studio d – **Die Mittelstufe B2** führt die Aufgaben und Übungen zur Entwicklung sprachlicher Flüssigkeit fort. Es geht darum, Inhalte zu verstehen, zu verwenden und zu automatisieren.

4 Irgendwer hat doch sicherlich ...?

Ü 17

a) Fragen Sie im Kurs.

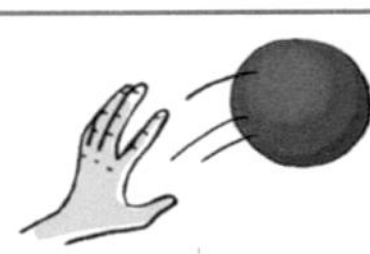

Irgendwer	von euch/ von Ihnen	hat doch sicherlich schon einmal	Karaoke gesungen, einen wichtigen Termin vergessen, im Zug die Haltestelle verschlafen, ein Buch freigelassen, einen Fehler gemacht,	oder?

Irgendwer von euch hat doch sicherlich schon einmal Karaoke gesungen, oder?

Ja klar, Isabell.

Also ich noch nicht.

Einheit 8, S. 99

studio d – Die Mittelstufe B2: Das Konzept

5 Integration der Grammatik in sprachliches Handeln

Der Erwerb zusammenhängender Sprachmuster erfolgt in studio d – **Die Mittelstufe B2** auf Grundlage der Personalisierung von Grammatik und deren konsequent funktionaler Einbettung. Grammatikvermittlung findet über lebensnahe, authentische Kommunikationszusammenhänge statt. Die Reflexion über Sprache spielt neben der Automatisierung eine wesentliche Rolle.

5 **b)** Sehen Sie sich die Zeichnung an und ergänzen Sie die Regel.

Regel

Indefinitpronomen benutzt man, wenn man eine Person oder Sache nicht genau benennen kann. Es ist ein Ausdruck von ....[1]. *Irgendwer* bezieht sich dabei immer auf eine ....[2], *irgendwelche* kann in Verbindung mit mehreren ....[3] oder ....[4] verwendet werden.

Person
Unbestimmtheit
Objekten
Personen

c) Gestalten Sie wie in b) ein Bild zur Regeldarstellung für *irgendwelche*.

Einheit 8, S. 95

4 Ü11–14 Welcher Konnektor passt? **Verbinden Sie die Sätze wie im Beispiel und diskutieren Sie.**

Ich arbeite viel. Ich bin glücklich. ⟶ Trotzdem bin ich glücklich.
oder: Deshalb bin ich glücklich.

Ich finde „trotzdem" besser. Das bedeutet, dass meine Arbeit mir nicht die gute Laune nehmen kann.

Aber „deshalb" passt auch. Das heißt dann, dass mich meine Arbeit glücklich macht.

1 Ich arbeite gern in der Nacht. Ich bin sehr oft müde.
2 Meine engste Freundin wohnt 50 km entfernt von mir. Wir sehen uns oft.
3 Ich habe Übergewicht. Ich treibe viel Sport.
4 Ich habe wenig Geld zur Verfügung. Ich reise viel innerhalb Deutschlands.

Einheit 8, S. 99

6 Konsequent integriertes Aussprachetraining

Das Aussprachetraining ist in die Aufgaben und Übungen integriert.

3 Ü14 Satzmelodie erkennen

a) Hören Sie den Dialog aus Aufgabe 1a) noch einmal. Achten Sie auf den Melodieverlauf am Ende eines Satzes: Steigt die Melodie nach oben ↑ oder fällt sie nach unten ↓? Markieren Sie den Melodieverlauf mit ↑ oder ↓.

Minimemo
Bei Satzfragen steigt die Satzmelodie nach oben ↑. Bei W-Fragen kann die Satzmelodie nach unten fallen ↓.

b) Lesen Sie den Dialog zu zweit. Achten Sie auf die Satzmelodie.

Einheit 4, S. 51

7 Aktuelle Landeskunde mit interkultureller Perspektive

Projekt- und Recherchevorschläge ergänzen landeskundliche Informationen.

4 Schlösserland Sachsen

1 Ü16 Eine Werbebroschüre lesen. **Lesen Sie die Broschüre. Welche Aussage ist richtig? Kreuzen Sie an.**

1 ❑ Die Broschüre präsentiert sächsische Fluss- und Seenlandschaften.
2 ❑ Die Broschüre lädt zu einem Besuch in Sachsen ein.
3 ❑ Die Broschüre stellt interessante Wanderwege in Sachsen vor.

Willkommen in Sachsen

Herrliche Natur, malerische Flusstäler, großartige Schlossanlagen und romantische Herrenhäuser bilden in Sachsen unvergessliche Kontraste. Ob als Gast in einem der stilvollen Hotels, im modernen Tagungszentrum oder in einem der erstklassigen Restaurants – das gastfreundliche Land Sachsen öffnet Ihnen seine Türen.

Traditionelle Lokale mit feiner Küche bieten ihren Gästen neben typischen Gerichten der Region nach alten Rezepten gebrautes Bier und sächsischen Wein an. Im Schlösserland Sachsen können

Einheit 1, S. 20

b) Lesen Sie den Wiki-Eintrag. Welche Ihrer Vermutungen werden bestätigt?

Heinz Sielmann – ein Leben für die Natur

http://wiki.acc.de/Sielmann/

Heinz Sielmann (* 2. Juni 1917 in Rheydt bei Mönchengladbach; † 6. Oktober 2006 in München) war Verhaltensforscher, Tierfilmer, Kameramann, Produzent, Buchautor und aktiver Naturschützer.

Leben und Wirken [Bearbeiten]

Seine zahlreichen Expeditionen führten Sielmann u.a. in den Dschungel von Papua-Neuguinea, auf die Galapagos-Inseln oder nach Nordamerika, wo er Tiere filmte und ihr Verhalten studierte. Heinz Sielmann zeigte als Erster Tierdokumentationen im Fernsehen. Ob Schneeleoparden am Hindukusch oder freche Berliner Spatzen – bis heute geben die „Expeditionen ins Tierreich" einen Einblick in das Leben und Verhalten der Tiere.

Nach der Wiedervereinigung 1989 wollte Sielmann die ehemalige Grenze zwischen den beiden deutschen Staaten für den Naturschutz erhalten. Er gründete 1994 die Heinz-Sielmann-Stiftung, die Lebensräume für bedrohte Arten schaffen und erhalten will.

c) Erweitern Sie Ihren Steckbrief mit Informationen aus dem Wiki, z.B. mit wichtigen Daten, Berufen, Aktivitäten, Zielen und Träumen.

2.9 **d)** Nachruf auf Heinz Sielmann im Radio. Hören Sie und ergänzen Sie Ihren Steckbrief noch einmal. Schreiben Sie dann ein Kurzporträt über Heinz Sielmann.

2 Ü16 Projekt. **Gibt es eine Person in Ihrem Land, die die Pflanzen- und Tierwelt erforscht, Filme über die Natur macht oder sich für den Naturschutz einsetzt? Recherchieren Sie, schreiben Sie ein Kurzporträt und stellen Sie Ihre Person im Kurs vor.**

Einheit 5, S. 70

studio d – Die Mittelstufe B2: Das Konzept

Was ist neu? – Was bietet studio d – Die Mittelstufe?

1 Nachvollziehbare, kleinschrittige Sequenzierung, die Erfolgserlebnisse schafft

Die Arbeit mit studio d – **Die Mittelstufe B2** soll effizient und für die Lernenden mit Erfolgserlebnissen verbunden sein. Daher werden komplexe Themen – wie z. B. die Vermittlung des Konjunktivs I – in lehr- und lernbare Sequenzen untergliedert. So fokussiert der Band B2/1 auf das Erkennen des Konjunktivs I und bereitet damit auf die in B2/2 angestrebte produktive Kompetenz vor.

> **3 Indirekte Rede erkennen**
> 1.5
>
> **1** Indirekte Rede in Kommentaren. **Lesen Sie noch einmal die Kommentare zur Filmkritik auf S. 84. Markieren Sie die Sätze, in denen die Personen ihre eigene Meinung ausdrücken (blau) und in denen sie eine Aussage von Herrn Böhmert wiedergeben (grün).**
>
> Aber hallo! Wenn Herr Böhmert sagt, dass der Film nur etwas für komplizierte Leute sei, dann war er wohl in einem anderen Film?! Ich find den Film (und mich) eigentlich ganz nett. *Steff80*
>
> **2** Indirekte und direkte Rede im Vergleich. **Lesen Sie die folgenden Aussagen von Frau Dr. Ahrenz. Suchen Sie im Text auf S. 83 die indirekt formulierten Aussagen zu den Sätzen 1–4. Vergleichen Sie.**
>
> 1 „Dass Paare sich ähneln, hat unterschiedliche Gründe."

Einheit 7, S. 86

2 Systematische Wiederholung der Grundstufeninhalte

Aus der Grundstufe bekannte Themen und Inhalte finden sich systematisch in den Bänden B2/1 und B2/2 wieder, werden erweitert, vertieft und gefestigt.

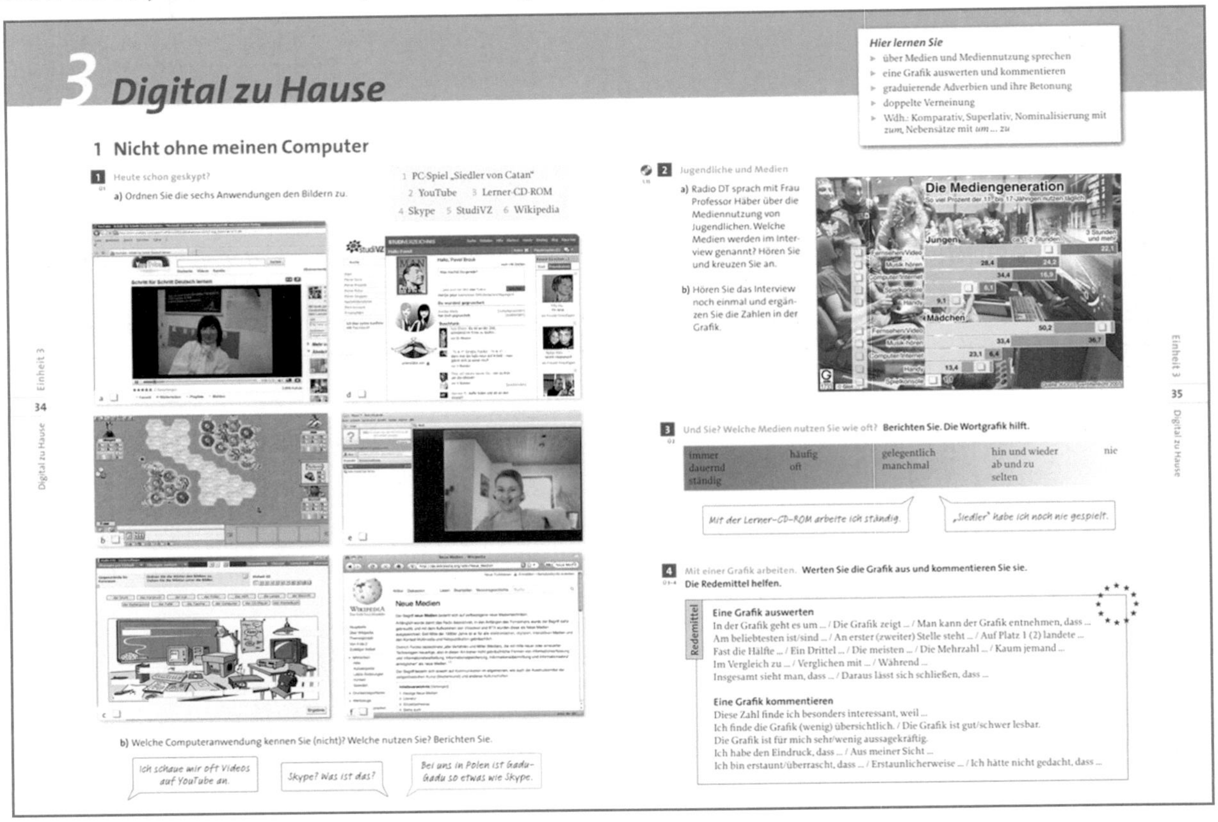
3 Digital zu Hause

Hier lernen Sie
- über Medien und Mediennutzung sprechen
- eine Grafik auswerten und kommentieren
- graduierende Adverbien und ihre Betonung
- doppelte Verneinung
- Wdh.: Komparativ, Superlativ, Nominalisierung mit *zum*, Nebensätze mit *um ... zu*

1 Nicht ohne meinen Computer

1 Heute schon geskypt?
a) Ordnen Sie die sechs Anwendungen den Bildern zu.

1 PC-Spiel „Siedler von Catan" 2 YouTube 3 Lerner-CD-ROM 4 Skype 5 StudiVZ 6 Wikipedia

b) Welche Computeranwendung kennen Sie (nicht)? Welche nutzen Sie? Berichten Sie.

2 Jugendliche und Medien
a) Radio DT sprach mit Frau Professor Häber über die Mediennutzung von Jugendlichen. Welche Medien werden im Interview genannt? Hören Sie und kreuzen Sie an.
b) Hören Sie das Interview noch einmal und ergänzen Sie die Zahlen in der Grafik.

3 Und Sie? Welche Medien nutzen Sie wie oft? **Berichten Sie. Die Wortgrafik hilft.**

immer dauernd ständig	häufig oft	gelegentlich manchmal	hin und wieder ab und zu selten	nie

4 Mit einer Grafik arbeiten. **Werten Sie die Grafik aus und kommentieren Sie sie. Die Redemittel helfen.**

Redemittel

Eine Grafik auswerten
In der Grafik geht es um ... / Die Grafik zeigt ... / Man kann der Grafik entnehmen, dass ...
Am beliebtesten ist/sind ... / An erster (zweiter) Stelle steht ... / Auf Platz 1 (2) landete ...
Fast die Hälfte ... / Ein Drittel ... / Die meisten ... / Die Mehrzahl ... / Kaum jemand ...
Im Vergleich zu ... / Verglichen mit ... / Während ...
Insgesamt sieht man, dass ... / Daraus lässt sich schließen, dass ...

Eine Grafik kommentieren
Diese Zahl finde ich besonders interessant, weil ...
Ich finde die Grafik (wenig) übersichtlich. / Die Grafik ist gut/schwer lesbar.
Die Grafik ist für mich sehr/wenig aussagekräftig.
Ich habe den Eindruck, dass ... / Aus meiner Sicht ...
Ich bin erstaunt/überrascht, dass ... / Erstaunlicherweise ... / Ich hätte nicht gedacht, dass ...

34 Einheit 3 Digital zu Hause — Einheit 3 35 Digital zu Hause

Einheit 3, S. 34/35

studio d – Die Mittelstufe B2: Das Konzept

3 Aufbau und Vertiefung der Textkompetenz

Der kompetente Umgang mit unterschiedlichen Texten und Textsorten stellt eine grundlegende Schlüsselkompetenz der Lernenden dar, die in studio d – **Die Mittelstufe B2** systematisch ausgebildet und gefördert wird. Strategietraining, Textauswertungsverfahren und der Transfer in andere Kommunikationskontexte greifen dabei eng ineinander.

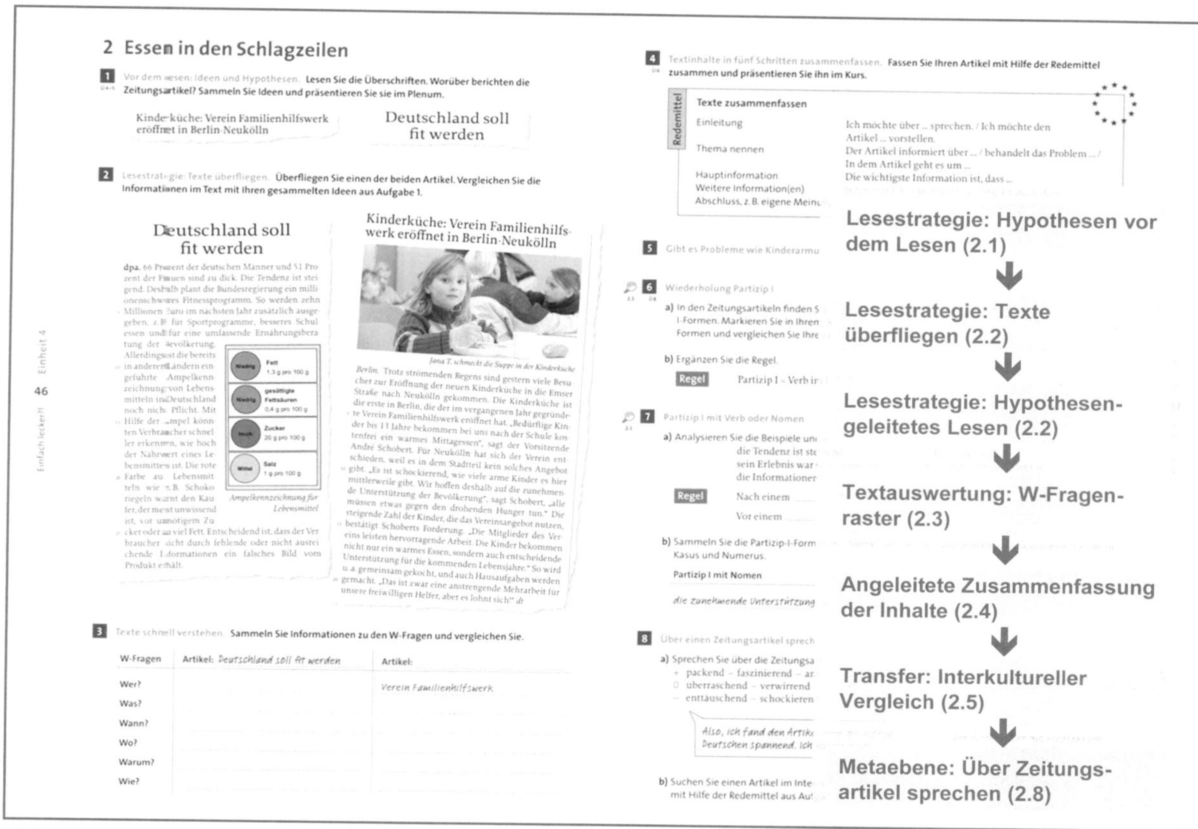

Einheit 4, S. 46/47

4 Routinen und Sprachhandlungen

Die Vermittlung formelhafter Sprache im Fremdsprachenunterricht bildet die Grundlage für adäquates sprachliches Handeln in unterschiedlichen soziokulturellen Kontexten und ist damit Schlüssel zur kommunikativen Kompetenz in der Fremdsprache. Formelhafte Sprache wird daher konsequent sowohl in den Einheiten als auch auf der Seite „Wortverbindungen intensiv" angeboten und trainiert.

3 Gesprächsroutinen

Ü 8

2.5 a) Hören Sie das Interview noch einmal. Welche Gesprächsroutinen hören Sie? Kreuzen Sie an.

☐ wie sagt man so schön	☐ sagen wir mal so	☐ nicht wahr?	☐ meiner Meinung nach
☐ sozusagen	☐ das kann man so sagen	☐ das heißt	☐ was weiß ich
☐ wie ich schon sagte	☐ also, ehrlich gesagt	☐ soweit ich weiß	☐ warten Sie mal

2.6 b) Hören Sie die beiden Interviewausschnitte. Welche Version klingt flüssiger?

☐ Version 1 ☐ Version 2

c) Hören Sie noch einmal. Welche Routinen aus a) werden verwendet? Markieren Sie.

Einheit 5, S. 66

studio d – Die Mittelstufe B2: Das Konzept

5 Wortschatzlernen und Wortverbindungen intensiv

In den Einheiten und Übungen von studio d – **Die Mittelstufe B2** werden Sprachhandlungen und Wortverbindungen explizit vermittelt und geübt. Dabei geht es auch darum, die Lernenden zu befähigen, ein Bewusstsein für Wortverbindungen zu entwickeln und diese selbst zu entdecken. Dieser Prozess wird mit dem expliziten Training auf der Seite „Wortververbindungen intensiv" im Übungsteil unterstützt. Zahlreiche Anregungen ermöglichen darüber hinaus das *inzidentelle Lernen** nebenbei.

1 Kleine Wörter – große Wirkung. **Ergänzen Sie und kontrollieren Sie mit den Sprechblasen auf S. 24/25.**

1 .... Semester
2 .... Hause sein
3 .... die Rentenkassen einzahlen
4 eine Pause .... drei Jahren machen
5 .... jung sein für etw.
6 .... Elternzeit sein

zu (2x) pro in (2x) von

Übungen 2, S. 129

Redemittel

Meinungen kurz und knapp: etwas ablehnen

Das sehe ich (gar/überhaupt) nicht so.
Das finde ich nicht richtig.
Da irren Sie sich (aber).
(Ganz) im Gegenteil.
(Völliger/Ach) Quatsch! / (So ein) Unsinn!

jmdm. / einer Sache zustimmen

Na klar! / Richtig!/Absolut!/Stimmt!
Das sehe ich (ganz) genauso.
Das stimmt voll und ganz / total/wirklich!
Ich halte das für richtig. Das meine ich auch.
Da liegen Sie vollkommen/absolut richtig.

Einheit 4, S. 45

Einheit 4, S. 44

6 Strategietraining

Das Strategietraining erfolgt sowohl explizit als auch implizit innerhalb der Einheiten des Kurs- und Übungsbuches.

5 Lernstrategie: „Lernen mit Bewegung". **Lesen Sie die Beschreibung der Lernstrategie und probieren Sie sie aus. Sprechen Sie dann im Kurs über das Lernexperiment.**

1 Fertigen Sie fünf Karten an, auf die Sie je eine Wortverbindung und einen dazugehörigen Satz schreiben.
2 Bewegen Sie sich im Klassenraum.
3 Lesen Sie zunächst leise Karte für Karte durch und laufen Sie dabei im Rhythmus der Sätze. Wiederholen Sie die Sätze.
4 Lassen Sie nach und nach die Karten weg und murmeln Sie die Sätze und Wortverbindungen beim Laufen leise vor sich hin.

Übungen 3, S. 139

4 Eine Bestellung aufgeben

1 Ein Anruf beim Partyservice

a) Ordnen Sie die Dialogteile und kontrollieren Sie dann mit der CD.

Z: Das werden so um die 80 Leute sein.
P: Okay. Was haben Sie sich denn vorgestellt?
Z: Fünf Platten mit Aufschnitt, drei Fisch- und vier Käseplatten. Dazu zwei große Salatplatten und zwei Obstkörbe. Das wäre dann alles. Können Sie bitte einen Kostenvoranschlag machen?

P: Partyservice Boghardt, guten Tag, was kann ich für Sie tun? ↑
Z: Hallo, Zintel am Apparat, ich möchte eine Bestellung aufgeben. ↓

P: Gern. Ich rechne das durch und melde mich im Laufe des Vormittages bei Ihnen?
Z: Das wäre schön. Sie erreichen mich unter 0179 5651705. Bis später dann.
P: Sehr schön. Vielen Dank und bis später.

P: Sehr gern! Worum geht es konkret?
Z: Wir feiern am kommenden Montag das 20-jährige Bestehen unserer Firma. Ich dachte an einen Sektempfang mit kaltem Buffet.
P: Kein Problem. Wie viele Gäste erwarten Sie denn?

b) Hören Sie den gesamten Dialog und markieren Sie die Redemittel im Kasten, die Sie hören.

Redemittel – **Eine Bestellung aufgeben**

	Kunde/Kundin:	Verkäufer/in:
Begrüßung	Hallo! / Guten Tag!	Guten Tag! / Hallo! / Tag!
Erkundigung nach dem Kundenwunsch		Was kann ich für Sie tun? / Was darf es (denn) (heute) sein? / Sie wünschen, bitte?
Anliegen vorbringen	Ich möchte eine Bestellung aufgeben. / Ich möchte gern ... bestellen.	
Nachfragen zu Menge bzw. Anzahl	Ich hätte gern (genau) ... / Ich denke/dachte da an ...	Wie viel darf es denn sein? / Wie viel Stück? / Wie viel ...
Auftragsannahme oder Ablehnung		Tut mir leid, das haben wir nicht im Angebot. / Kein Problem. / Sehr gern. / Okay.
Aushandeln von – Termin	Bis wann können Sie liefern? / Liefern Sie bis zum ...? / Ab wann kann ich mit der Lieferung rechnen?	Wir liefern zum ... / Sie hören von uns am ...
– Lieferbedingungen	Bieten Sie Lieferservice?	Aber natürlich. / Ja, das ist möglich. / Das ist leider nicht möglich.
– Preis	Könnten Sie bitte einen Kostenvoranschlag machen? Das ist (aber) recht/sehr/zu teuer. Können Sie einen Preisnachlass geben?	Natürlich./Gern. Das kommt (ganz) darauf an. / Höchstens ... Prozent. / Tut mir leid, nein.
Bestellbestätigung	Wunderbar! / Das ist/wäre schön. / Sehr schön, vielen Dank!	Das geht klar! / Das wird (umgehend) erledigt! Vielen Dank!

Einfach lecker?! 50 Einheit 4

2 Rückruf vom Partyservice. **Partyservice Boghardt meldet sich bei Frau Zintel mit dem Kostenvoranschlag. Hören Sie den Dialog und kreuzen Sie an.**

	richtig	falsch
1 Frau Zintel ist mit dem Preis für Buffet und Sekt einverstanden	☐	☐
2 Frau Zintel fragt nach einem Rabat		
3 Frau Zintel bestellt alternativ einen		
4 Herr Boghardt gibt einen Preisnach		
5 Frau Zintel ist mit dem Liefertermi		

3 Satzmelodie erkennen

a) Hören Sie den Dialog aus Aufgabe Sie auf den Melodieverlauf am End Melodie nach oben ↑ oder fällt sie Sie den Melodieverlauf mit ↑ oder

b) Lesen Sie den Dialog zu zweit. Acht

4 „Ich hätte gern ..."

a) Hören Sie den Dialogausschnitt. W

☐ 1

b) Hören Sie den gesamten Dialog un

1 Wer spricht? 2 Wo befi

c) Informationen aus dem Dialog. Kre

1 Menge: ☐ 1
2 Abholung: ☐ 20.07.
3 Lieferservice: ☐ ja
4 Kostenvoranschlag: ☐ ja
5 Preisnachlass: ☐ ja

5 Bestellungen üben

a) Wählen Sie eine Situation und schr

Situation 1: Buchhandlung

Kunde/Kundin: Sie möchten das K die DVD und das Sprachtraining Ih Deutschbuchs bestellen. Sie hätten einen kleinen Rabatt auf die Ware Paket in 24 Stunden.

Buchhändler/in: Die Lieferzeit bet Stunden und Sie geben grundsätzli Rabatt auf die Bücher, die Sie verka

b) Üben Sie den Dialog und spielen Si

Dialog ordnen nach inhaltlichen Aspekten & Hörkontrolle (4.1a)
↓
Wortschatzerarbeitung & Dialogarbeit: Selektives Hören (4.1b)
↓
Dialogarbeit: Selektives Hören (4.2)
↓
Phonetik: Satzmelodie erkennen (4.3); Rückbezug W-Fragen (2.3)
↓
Wiederaufnahme der Strukturen in neuer Dialogarbeit über globales Hören (4.4a + b) und selektives Hören (4.4c)
↓
Transfer: Schriftliche Dialogproduktion auf Basis der Redemittel (4.5a) und der Hörtexte
↓
Partnerübungsphase und Simulationsphase (4.5b)

Einheit 2 S. 26

7 Berufsorientierung: Komplexe kommunikative Sprachhandlungen der Arbeitswelt

Die berufsbezogene Komponente des fremdsprachlichen Lernens wird konsequent in verschiedenen Situationen der Einheiten und Stationen explizit wie implizt aufgegriffen.

2 Ein Vorstellungsgespräch führen

a) Fünf wichtige Fragen und warum sie gestellt werden. Ordnen Sie zu.

Frage			Was bedeutet das?
Was haben Sie bisher gemacht?	1	a	Die Antwort auf diese Frage zeigt, welche Aktivitäten und Interessen mit Ihrer Arbeitsstelle in Zusammenhang stehen könnten (z. B. Mannschaftssport = Teamarbeiter).
Warum haben Sie sich gerade bei uns beworben?	2	b	Bewerber, die keine Fragen haben, wirken uninteressiert und nicht gut informiert. Fragen z. B. zur Arbeitsweise oder zu Weiterbildungsmöglichkeiten sind dagegen willkommen.
Wo sehen Sie Ihre Stärken und wo Ihre Schwächen?	3	c	Mit dieser Frage möchte sich der Gesprächspartner ein erstes Bild machen. Er möchte erfahren, ob Sie Ihren Lebenslauf kurz, verständlich und interessant darstellen können.
Was machen Sie in Ihrer Freizeit?	4	d	Mit dieser Frage wird getestet, ob sie sich selbst gut kennen. Vor allem aber sieht man, ob Sie sich aus der Ruhe bringen lassen oder gelassen und sicher reagieren.
Welche Fragen haben Sie an uns?	5	e	Der Gesprächspartner möchte wissen, ob Sie sich gut vorbereitet und über das Unternehmen informiert haben.

Station 2, S. 102

studio d – Die Mittelstufe B2: Das Konzept

8 Individuelle Lernfortschrittskontrolle

Die Lernenden können anhand kleinerer Aufgaben am Ende jeder Einheit ihren Lernfortschritt selbstständig überprüfen und Inhalte ggf. wiederholen.

Das kann ich auf Deutsch

▶ **Positionen im Raum darstellen (1.1)**

Das kann ich ☺ ❑ ☹ ❑ ▶ Ü1

▶ **eine Kritik schreiben (2.4)**

Einstieg: Ich möchte im Folgenden .... vorstellen.

Inhalt: Im Film geht es um ....

Das kann ich ☺ ❑ ☹ ❑ ▶ Ü9

Einheit 7, S. 91

9 Ausstiegsseitenprinzip

Die Ausstiegsseite der Einheit bietet abwechslungsreiche Themen, die neugierig machen und zur Diskussion anregen.

1 Musik mit Gemüse. **Lesen Sie den Text und kommentieren Sie.**

„Das Erste Wiener Gemüseorchester" wurde im Februar 1998 gegründet und setzt sich aus 12 Männern und Frauen zusammen. Wer die Idee zum Projekt hatte, kann keiner mehr sagen. Wichtig ist ihnen jedoch, dass sie ernst genommen und nicht als skurrile Showeinlage präsentiert werden. Daher tritt das Orchester z. B. im Wiener Konzerthaus, bei den Osterfestspielen in Salzburg und in der Royal Festival Hall in London auf. Konzertauftritte haben die Gruppe auch schon nach Asien geführt. Der Fernsehsender ARTE widmete ihnen sogar eine Dokumentation. Einige der vielen Interviewfragen können die Musiker jedoch nicht mehr hören, z. B. ob sie Vegetarier seien. (Sind sie nicht!) Wer sich fragt, was mit dem vielen Gemüse passiert, der sollte zum Konzert gehen – und danach einen Teller Gemüsesuppe probieren!

Einheit 4, S. 52

studio d – Die Mittelstufe B2: Das Konzept

Allgemeine didaktische Grundlagen und Tipps zur Arbeit mit studio d B2

Bei der Erstellung des Materials haben wir uns an den Vorgaben des GER und von *Profile deutsch* orientiert. Da dies inzwischen fast alle Lehrwerke von sich behaupten, möchten wir an dieser Stelle kurz deutlich machen, was wir darunter verstehen:

Profile deutsch

- setzt die Anregungen des GER für Deutsch als Fremdsprache um und beschreibt detailliert die Niveaus A1–C2,
- übernimmt, erweitert und konkretisiert das System der Kompetenzbeschreibungen des GER und des Portfolios,
- hilft, Lernziele oder sprachliche Mittel aufzufinden und Sprachhandlungen zuzuordnen,
- erlaubt, den Inhalt zielgruppenorientiert zu adaptieren oder zu ergänzen,
- macht Vorschläge für eine Grammatikprogression,
- enthält konkrete Ideen und Beispiele für den Unterricht.

Wenn Sie sehen möchten, ob Ihr bisheriges Unterrichtsmaterial tatsächlich an den europäischen Vorgaben orientiert ist, überprüfen Sie bitte die folgenden acht Qualitätsmerkmale:

1. Wird im Lehrerhandbuch erklärt, wie auf die Niveaustufen eingegangen wurde?
2. Sind der GER und *Profile deutsch* auf der Lernzielebene erkennbar zitiert?
3. Sind die Kannbeschreibungen auch für die Lernenden transparent?
4. Sind sie explizit Gegenstand von (ausreichenden) Übungen?
5. Sind sie zur Grundlage der Selbstevaluation und der Testgestaltung gemacht worden?
6. Ist die „Unterrichtsphilosophie" des GER und von *Profile deutsch* auf der Lehrwerksoberfläche durchgängig erkennbar (Lernerautonomie, Transparenz, Automatisierung, Kompetenzprofile)?
7. Sind die Prinzipien „Mehrsprachigkeit" und „Multikulturalität Europas" in Didaktik und Themenwahl erkennbar?
8. Enthält das Unterrichtsmaterial Hinweise zur Portfolioarbeit?

Das europäische Sprachenportfolio

Das Sprachenportfolio ist eine strukturierte Sammlung von Dokumenten und Beispielen persönlicher Arbeiten, die von den Lernenden zusammengestellt, ergänzt und aktualisiert werden, um ihre Mehrsprachigkeit, ihre Kompetenzen in verschiedenen Sprachen, ihr Sprachenlernen, ihre Sprachkontakte und ihre interkulturellen Erfahrungen für sich selbst und für andere transparent zu dokumentieren. Das europäische Sprachenportfolio orientiert sich ebenfalls an dem vom Europarat entwickelten GER und trägt zur Vergleichbarkeit von Leistungen bei. Das Sprachenportfolio hat eine vorgegebene Struktur:

- Sprachenpass: Sprachkompetenzen und interkulturelle Kompetenzen auf einen Blick,
- Sprachbiografie: Dokumentation und Reflexion über gelernte Sprachen,
- Dossier: Sammlung persönlicher Arbeiten.

Mit den *Ich-Texten** in studio d – **Die Mittelstufe B2** setzen die Lernenden die in der Grundstufe begonnene Arbeit an den Texten für ihr Sprachenportfolio fort. Die *Ich-Texte** dokumentieren den Sprachstand und die Sprachlernfortschritte der Lernenden.

Die Integration von beruflichem und allgemein-sprachlichem Lernen im Sinne des GER

In der Arbeitswelt stellen vor allem die Globalisierung und Technisierung immer höhere Anforderungen an die kommunikative Kompetenz der Mitarbeiter/innen in den Unternehmen. So sind neben Englisch oft Kenntnisse in mindestens einer weiteren Fremdsprache erforderlich. Gute Fremdsprachenkenntnisse der Mitarbeiter/innen sind nicht nur ein Karrierefaktor, sie werden auch für die Unternehmen immer wichtiger, etwa wenn es darum geht, Informationen aus unterschiedlichen fremdsprachlichen Quellen (z. B. Zeitungen, Internet) zu erschließen und auszutauschen. Immer mehr Deutschlernende beabsichtigen, die Fremdsprachenkenntnisse in beruflichen Zusammenhängen anzuwenden. Ein Sprachkurs, der die Anforderungen der Berufs- und Arbeitswelt in Themen, Szenarien und Sprachhandlungen berücksichtigt, kann besonders zur Motivation beitragen. studio d – **Die Mittelstufe B2** setzt die berufsbezogene Spracharbeit der Grundstufe auf dem Niveau B2 fort und geht davon aus, dass berufsbezogene Kommunikationskompetenz in einem integrierten Kurs entwickelt werden kann, der sowohl allgemeinsprachlichen als auch berufsbezogenen Anforderungen gerecht wird. Die berufliche Alltagskommunikation besteht zum großen Teil aus sprachlichen Handlungen, die weder berufs- noch berufssprachenspezifisch sind (z. B. *Informationen sammeln und austauschen, eine Diskussion einleiten, eine eigene Meinung vertreten, Diskussionsergebnisse zusammenfassen* etc.). Auch der Referenzrahmen nimmt explizit oder implizit Bezug auf die berufliche Verwendung der Fremdsprache. So ist für B2 *Mündliche Produktion allgemein* formuliert: „Kann Sachverhalte klar und systematisch beschreiben und darstellen und dabei wichtige Punkte und relevante stützende Details angemessen hervorheben“. *Profile Deutsch* konkretisiert dazu: „Kann in einem Interview oder einem ähnlichen Gespräch ohne viele Hilfen oder Anstöße der befragenden Person Gedanken ausführen und entwickeln.“ In studio d – **Die Mittelstufe B2** wird dies z. B. in Einheit 6 und Station 2 in der Vorbereitung auf ein Vorstellungsgespräch oder in Einheit 8 in einer Talkrunde umgesetzt.

Berufsbezogene Komponenten des fremdsprachlichen Lernens werden in studio d – **Die Mittelstufe B2/1** kontinuierlich in vielen unterschiedlichen Situationen innerhalb der Einheiten und Stationen sowohl explizit als auch implizit aufgegriffen, z. B. explizit in Einheit 5 (*Berufsbild Nationalpark-Ranger, Porträt Tierfilmer Heinz Sielmann*), Einheit 6 (*Arbeitssuche, Bewerbung, Kommunikationsregeln*) sowie in den beiden Stationen mit dem Training für den Beruf (*Körpersprache, Kommunikationsstrategien, Vorstellungsgespräch*). Darüber hinaus wird der Berufsbezug durch die Vermittlung von Arbeitstechniken und Lernstrategien mit besonderer beruflicher Relevanz hergestellt, wie etwa die Informationsentnahme aus Grafiken, Bildern und Texten oder das Training unterschiedlicher Notiztechniken. Implizit werden berufsbezogene Komponenten in der Start-Einheit (*Einladungen aussprechen, annehmen, ablehnen*), Einheit 3 (*Arbeitgeber suchen Bewerberinformationen im Internet*), Einheit 4 (*Essen als Geschäftsidee*) oder in Einheit 8 (*Schreiborte einer Schriftstellerin, jmdn. beim Diskutieren unterbrechen*) thematisiert.

Ein sanfter Einstieg – Zur Wiederholung ausgewählter Grundstufeninhalte in studio d – Die Mittelstufe B2

studio d – **Die Mittelstufe B2** eignet sich sowohl für Lernende, die die Reihe studio d fortsetzen, als auch für diejenigen, die nicht mit studio d vertraut sind bzw. eine längere Pause zwischen B1 und B2 eingelegt haben. Der Übergang von B1- auf B2-Niveau ist erfahrungsgemäß schwierig. Betrachtet man die im Referenzrahmen definierten Zielkompetenzen, so fällt die Steigerung an Komplexität deutlich auf.

B1: „Ich kann Texte verstehen, in denen vor allem sehr gebräuchliche Alltags- und Berufssprache vorkommt. […]“	→	B2: „Ich kann Artikel und Berichte über Probleme der Gegenwart lesen und verstehen, in denen die Schreibenden eine bestimmte Haltung […] vertreten. Ich kann zeitgenössische literarische Prosatexte verstehen.“
B1: „Ich kann in einfachen zusammenhängenden Sätzen sprechen, um Erfahrungen und Ereignisse oder meine Träume, Hoffnungen und Ziele zu beschreiben. Ich kann kurz meine Meinungen und Pläne erklären und begründen.“	→	B2: „Ich kann zu vielen Themen aus meinem Interessengebiet eine klare und detaillierte Darstellung geben.“

Der Übergang der Niveaustufen äußert sich folglich auch im Lehrmaterial. Die Aufgaben sind komplexer und die Texte werden deutlich länger. Arbeitstechniken und -verfahren, fertigkeitsbezogene Teilkompetenzen, Textsortenkenntnisse etc. werden mitunter vorausgesetzt, was für bestimmte Lernergruppen eine Überforderung darstellt und damit auch besondere Ansprüche an Sie als Lehrkraft stellt.

studio d – **Die Mittelstufe B2** verfolgt daher das Prinzip eines „sanften Einstiegs", das sich insbesondere in der Auswahl der Themen, des Wortschatzes und der Grammatikprogression der ersten vier Einheiten widerspiegelt. So werden Grundstufeninhalte systematisch wiederholt und erweitert, was nicht nur den Lernenden den Einstieg in den Kurs erleichtert, sondern auch Ihnen die Möglichkeit gibt, auf unterschiedliche Voraussetzungen und Bedürfnisse individuell einzugehen.

studio d – Die Mittelstufe B2 und das Training der vier Fertigkeiten

Die Fertigkeiten werden in jeder Einheit des Lehr-/Lernsystems studio d – **Die Mittelstufe B2** angesprochen und in unterschiedlicher Abfolge und Gewichtung trainiert. Dabei geht es um die Aneignung praktischen Könnens, d. h. das Training zielt auf die Automatisierung sprachlicher Handlungen. Fertigkeiten treten meist nicht isoliert auf. Das gilt für die reale Kommunikation und sollte daher auch für den Fremdsprachenunterricht gelten. Ontogenetisch wie auch lernpsychologisch setzen die produktiven Fertigkeiten die rezeptiven voraus. Eine künstliche Trennung der Fertigkeiten lehnen wir daher ab und favorisieren ein ausgewogenes, integriertes und auf die besonderen Bedürfnisse der Lernenden abgestimmtes Training aller vier Fertigkeiten.

Hören spielt in studio d – **Die Mittelstufe B2** eine zentrale Rolle, ist es doch im Kommunikationsprozess ein entscheidender Bestandteil der Interaktion und im Fremdsprachenunterricht eine permanente Begleiterscheinung. Die Gehirnforschung belegt eine enge Verbindung zwischen dem Bereich des Hörens und der Emotionalität. Die fremde Welt wird über das Ohr aufgenommen und emotional sortiert. Gleichzeitig handelt es sich um einen hochkomplexen Prozess, der eine Vielzahl von elementaren Kenntnissen (u. a. bezogen auf das Sprachsystem, den sprachlichen Kontext, die Textsorte etc.) voraussetzt. Beim Hörverstehen greift der Hörende auf sein gesamtes Sprach- und Weltwissen zurück und verbindet neue Informationen mit bereits Bekanntem. Dabei muss sowohl inferiert, d. h. fehlende Informationen in Verstehenslücken eingefügt, als auch antizipiert, d. h. Kommendes vorhergesehen werden. studio d – **Die Mittelstufe B2** unterstützt dieses komplexe Zusammenspiel in vielfältiger Weise, u. a. durch:

– die Auswahl geeigneter, authentischer wie auch für Lehr- und Lernzwecke aufbereiteter Texte,
– die bewusste Einbeziehung und Förderung unterschiedlicher Hörverstehensarten durch vielfältige Aufgaben-, Übungs- und Trainingsformate, die das Globalverstehen, selektives Verstehen und genaues Verstehen fördern,
– das explizite Üben einzelner Teilprozesse, d. h. Übungen u. a. zur Segmentation, Semantisierung, zum *Inferieren** und *Antizipieren**,
– die konsequente Vermittlung von Hörverstehensstrategien,
– emotionale Stützung abstrakter Lerninhalte.

Sprechen als eine Form sozialen Handelns stellt hohe Anforderungen an die Konzentrationsfähigkeit und Reaktionsgeschwindigkeit. Um Ihre Lernenden zu einem angemessenen, flüssigen und möglichst korrektem sprachlichen Handeln zu befähigen, werden in studio d – **Die Mittelstufe B2** eine Vielzahl von Möglichkeiten geboten, sich dialogisch wie auch monologisch, in Partner- oder Gruppenarbeit über attraktive Themen auszutauschen. Dabei stellt der Dialog nur eine von vielen weiteren Textsorten dar, die systematisch trainiert werden. Um einer Überforderung Ihrer Lernenden entgegenzuwirken, differenziert studio d – **Die Mittelstufe B2** im Rahmen der Aufgaben- und Übungsformate nach verschiedenen mit dem Sprechen verbundenen Teilprozessen. So finden sich Formate, die die vorsprachliche Planungsebene (Planung der inhaltlich-begrifflichen und pragmatischen Struktur der Sprechhandlung) ansprechen, ebenso wie Übungen, die auf die konkrete sprachliche Planungs- bzw. die Ausführungsebene fokussieren. Die Forschung weist in den letzten Jahren verstärkt darauf hin, dass das Sprechen durch seine Funktion bei der Memorisierung sprachlicher Einheiten im phonetischen Gedächtnis auch wichtig für das Training der anderen Fertigkeiten ist. Durch attraktive Aufgaben- und Übungsformate, die die Flüssigkeit beim Sprechen steigern, durch eine bewusste Auswahl sprachlichen Inputs wie auch die konsequente Vermittlung ausgesuchter Gesprächsstrategien werden die Lernenden schrittweise auf komplexe sprachliche Handlungen vorbereitet.

Lesen Ein Großteil des Kontakts zwischen Lernenden und Zielkultur erfolgt über Texte. Wie auch beim Hörverstehen ist bei der Dekodierung und dem Prozess des Textverstehens ein differenziertes Kenntnissystem (von Schriftsprache, Sprachsystem, sprachlichem Kontext und von Textsorten und

Weltwissen) notwendig. Dieses kann jedoch in der Fremdsprache nicht vorausgesetzt werden und muss systematisch ausgebildet und erweitert werden. Lerner konzentrieren sich – aufgrund der Präferenz zur aufsteigenden Verarbeitung – oftmals auf einzelne Wörter, können die in der Muttersprache automatisch angewendeten Lesestrategien nicht oder nur unzureichend umsetzen und haben aufgrund der Kulturgeprägtheit von Texten und Textsorten z. T. große Verständnisprobleme. studio d – **Die Mittelstufe B2** nimmt sich dieser Probleme konsequent an. So werden u. a. je nach Textsorte und Informationsbedürfnis Ihrer Lernenden unterschiedliche Lesestile (global, selektiv, detailliert) systematisch einbezogen. Die in der mutter- und fremdsprachlichen Leseforschung beschriebenen Strategien werden praktisch umgesetzt, indem folgende Aspekte systematisch geübt werden:

- Hypothesenbildung, -überprüfung und -korrektur,
- Texterschließungsverfahren (W-Fragen zur Orientierung),
- Trennung von wesentlichen und eher unwesentlichen Informationen,
- *Antizipieren** und *Inferieren**,
- Umgang mit Wörterbüchern.

Schreiben Die lernpsychologische Bedeutsamkeit des Schreibens wird in der Literatur vielfach diskutiert und beschrieben. Aufgrund des hohen Grades an Bewusstsein und der Integration latentartikulatorischer, visueller und motorischer Komponenten kommt es beim Schreiben in der Regel zu einem größeren Behaltenseffekt. Schreiben ist jedoch ein hochkomplexer Vorgang, der seitens der Lernenden oft als mühselig empfunden wird. Ein spezifisches Training dieser Fertigkeit ist notwendig, da eine hohe mündliche Sprachkompetenz nicht automatisch mit einer hohen schriftlichen Sprachkompetenz einhergeht. Aufgrund unzureichender bzw. fehlender orthografischer, lexikalischer, grammatikalischer und pragmatischer Kenntnisse verläuft der Textproduktionsprozess wesentlich langsamer als in der Muttersprache. Auf Grundlage schreibvorbereitender, textproduzierender und textrevidierender Übungen nimmt sich studio d – **Die Mittelstufe B2** diesen Problemfeldern an. Reproduktive Aufgaben und Übungen wechseln sich dabei in sinnvoller Weise mit reproduktiv-produktiven und produktiven Formaten ab. Funktionale wie auch kreative Schreibübungen zielen auf die Fundierung einer Textsortenkompetenz, bieten Ihren Lernenden aber auch die Möglichkeit, sich schriftlich phantasievoll auszudrücken. studio d – **Die Mittelstufe B2** führt den objektivierenden Charakter von Schriftsprache vor Augen und sensibilisiert damit für die Unterschiede von Mündlichkeit und Schriftlichkeit. Gerade das Schreiben in der Fremdsprache kann durch seinen Verfremdungseffekt Ihre Lernenden ermutigen, Gefühle und Gedanken mitzuteilen. Die *Ich-Texte** sind Belege dieser Auseinandersetzung und dokumentieren darüber hinaus individuelle Lernfortschritte.

Zur Text- und Textsortenkompetenz in studio d – Die Mittelstufe B2

Ein besonderes Anliegen von studio d – **Die Mittelstufe B2** besteht in der korrekten, möglichst authentischen Darstellung von Texten und Textsorten, mit dem Ziel des systematischen Auf- und Ausbaus einer Text- und Textsortenkompetenz. Textsorten bieten aufgrund ihres normierenden Charakters eine wertvolle Orientierung für die Produktion und Rezeption von Texten. Es gibt jedoch eine Vielzahl interkultureller Unterschiede im Muster von Textsorten. Diese manifestieren sich v. a. in Funktion, Inhalt, Struktur und Stil. Insofern diese Unterschiede nicht thematisiert werden, führt dies zu Missverständnissen in der Rezeption und folglich zur Produktion inadäquater Texte.
studio d – **Die Mittelstufe B2** bietet eine vielfältige Palette unterschiedlicher Texte und Textsorten, die auch im Layout authentisch umgesetzt werden. Dies soll zum einen eine Arbeitserleichterung über den Wiedererkennungseffekt schaffen, und Ihnen zum anderen die Möglichkeit im Kursraum geben, sich über Funktion, Struktur und Stil einer Textsorte intensiv auszutauschen. Spezifische Textsorten (u. a. Beschwerdebrief, Werbebroschüre, Leserbrief, Bewerbungsschreiben, Blog) und deren besondere Charakteristika werden gezielt erarbeitet, d. h. es erfolgt anhand der Lektüre von prototypischen Modelltexten eine Beschreibung der relevanten Textmuster. Insofern für Ihre Lernenden die Notwendigkeit der eigenen Textproduktion besteht, wird mit Hilfe von Textbausteinen und spezifischen Aufgaben- und Übungsformaten dieser Prozess sinnvoll begleitet und unterstützt.

Das Layout von studio d – **Die Mittelstufe B2** – Bildarbeit

Sie finden neben der bereits angesprochenen Vielzahl authentischer Texte und Textsorten eine für die Mittelstufe ungewöhnlich reiche Bildvielfalt. Es handelt sich hier um Bilder, die einen didaktisch-methodischen Zweck verfolgen und nicht als schmückendes Beiwerk auftreten. Bilder dienen in studio d – **Die Mittelstufe B2** als Ausgangspunkt einer Diskussion, werden zur Aktivierung von Vorwissen herangezogen, bieten attraktive Redeanlässe und/oder werden als Verstehenshilfe genutzt.

Lernen lernen – Zum Strategie- und Kompetenztraining in studio d – **Die Mittelstufe B2**

Im Inhaltsverzeichnis des Kurs- und Übungsbuchs werden die einzelnen Schwerpunkte des systematischen Trainings von Lernstrategien ausgewiesen. Zu jeder Einheit gehört eine Vielzahl methodisch-didaktischer Überlegungen und Tipps, die in den Kommentaren der Unterrichtsvorbereitung zu den Einheiten integriert sind. Implizites Strategie- und Kompetenztraining findet in jeder Einheit statt, ebenso wird eine Lernstrategie am Ende der Übungsbucheinheit explizit thematisiert. Dem integrativen Strategietraining entsprechend, orientiert sich die Auswahl der Lernstrategien an den in den Einheiten behandelten Themen und Sprachhandlungen. studio d – **Die Mittelstufe B2** bietet sowohl eine Wiederholung der bereits in der Grundstufe vorgestellten Lerntechniken (u.a. W-Fragen, Notizen machen, Lernen mit Bewegung), als auch eine Vielzahl neuerer Ansätze (z.B. hypothesengeleitetes Hörverstehen, ein Bild zur Regelerstellung gestalten, eine Sammlung von Wortverbindungen anlegen). Lernende erhalten so die Möglichkeit, diese Techniken und Strategien kennen zu lernen bzw. zu wiederholen und den für sie persönlich effizientesten Lernweg zu entdecken. Neben explizitem und implizitem Strategietraining, wie z.B. durch konkrete Lerntipps oder durch die Anlage der Aufgaben und Übungen, wird durch Angebote zur Evaluation des bisher Gelernten auch eine metakognitive Ebene angesprochen. In diesem Sinne soll *Lernen lernen* in studio d – **Die Mittelstufe B2** mit dazu beitragen, Fremdsprachenlernkompetenzen zu entwickeln.

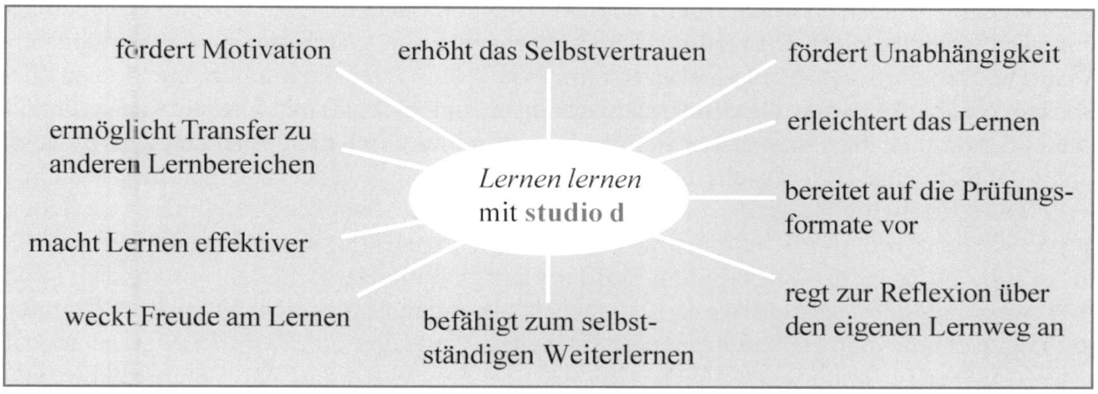

Zur Rolle der Grammatik in studio d

Die Grammatikplanung für studio d – **Die Mittelstufe B2** geht von folgenden Grundprinzipien aus:

1. Unterscheidung von Lernen (explizit) und Erwerben (implizit)
Lernen bedeutet bewusstes und gesteuertes Aufnehmen von Wörtern und Strukturen. Lernen geschieht durch die Konzentration auf die Sprache. *Erwerben* bedeutet das implizite und unbewusste Aufnehmen und Verarbeiten von Information. Fremdsprachenunterricht konzentriert sich in der Regel auf das Lernen. Die Anwendung gelernter Strukturen und Wörter in persönlichen und damit bedeutungsvollen Aussagen – und damit der Rahmen für den Erwerbsprozess – kommt im Unterricht oft zu kurz. studio d – **Die Mittelstufe B2** macht hierzu vielfältige Angebote.

2. Notwendigkeit von bedeutungsvollen Inhalten als Ausgangspunkt von grammatischen Lernprozessen
Wir können davon ausgehen, dass ausschließlich solche sprachlichen „Daten" verarbeitet werden, die von den Lernenden als inhaltlich interessant und motivierend eingeschätzt werden. Grammatikarbeit

ohne ansprechende Inhalte ist im wahrsten Sinne des Wortes „sinnlos“. Inhalte dürfen nicht nur der Verpackung grammatischer Formen dienen, sondern müssen im Lehrwerk und Unterricht ein eigenständiges Gewicht haben. Die Grammatik hat eine dienende Funktion. Die Verbindung von grammatischen Strukturen mit pragmatisch schlüssigen und inhaltlich motivierenden Themen bleibt der Schlüssel zum Lernerfolg.

3. Notwendigkeit von inhaltlich sinnvoller Anwendung von Sprachstrukturen im Unterricht
Lernende integrieren nur die Strukturen in die eigene Sprachpraxis, die sie brauchen, um eigene Inhalte und Gedanken auszudrücken. Trotz oftmals knapper Unterrichtszeit darf die Anwendung, das Flüssigkeitstraining und damit die Chance der Integration von neuem Wissen in sprachliches Handeln – das Erwerben des Gelernten – nicht zu kurz kommen. Für den Unterricht folgt daraus die Notwendigkeit des expliziten Trainings inhaltlich bedeutsamer Aussagen.

4. Explizites Training von sprachlicher Flüssigkeit
In studio d – **Die Mittelstufe B2** sind Übungen zur flüssigen Anwendung von erlernten Sprachmustern und Wörtern mit ausgewiesen. Übungen und Aufgaben zur fremdsprachlichen Flüssigkeit sind eine notwendige Voraussetzung für den Erwerb grammatischer Strukturen. Der Fokus auf die Formen und ihr Verstehen sichert noch nicht den flüssigen Gebrauch in der gesprochenen Sprache. Übungen mit dem Automatisierungssymbol sind durch folgende Merkmale ausgezeichnet:

– eine hohe Wiederholungsrate,
– ein natürliches Sprechtempo,
– übertragbare Muster,
– Flüssigkeit vor Korrektheit, es sollte keine Korrekturunterbrechungen geben,
– Fehler sind durch die Form der Vorgaben weitestgehend ausgeschlossen.

5. Aufteilung grammatischer Strukturen in lernbare und funktional begründbare Teileinheiten nach dem Grundsatz „Lernbarkeit vor Vollständigkeit“
Mit der Aufteilung der grammatischen Strukturen in lernbare Teileinheiten folgen wir den Grundprinzipien einer zyklischen Grammatik-Progression. Diese zielt darauf, die kognitive Verarbeitungskapazität der Lernenden nicht zu überfordern und gleichzeitig eine Unterforderung zu vermeiden. Grammatische Strukturen werden immer zuerst implizit, d. h. in ihrer Funktion in mündlichen oder schriftlichen Texten präsentiert. Ihre Bewusstmachung erfolgt nach der inhaltlichen Auswertung der Texte und oftmals auch nach dem ersten Gebrauch der Struktur durch die Lernenden. Der Bewusstmachung folgt dann eine Trainingsphase, in der die Strukturen angewendet und gefestigt werden. studio d – **Die Mittelstufe B2** greift vor allem in den ersten vier Einheiten gezielt bereits aus der Grundstufe bekannte wichtige Strukturen noch einmal auf, wiederholt sie und erweitert sie auf B2-Niveau, so z. B. in Einheit 2 (Wiederholung: Infinitiv mit *zu* im Präsens, neu: Infinitiv mit *zu* im Perfekt). Die Satzglied- und Verbstellung ist Lerngegenstand in den Einheiten 4, 5 und 7 (Wiederholung: Verbstellung in Haupt– und Nebensätzen, neu: Nebensatz vor Hauptsatz, Satzglieder erkennen, Umstellprobe, Angaben im Mittelfeld). Gleiches gilt auch für die Erweiterung der Nebensatzkonstruktionen und Präpositionen, die bereits aus der Grundstufe bekannt sein sollten (Einheit 8: Gegensatz und Folge ausdrücken mit konzessiven und konsekutiven Konnektoren und Präpositionen).

6. Einbeziehung von Erkenntnissen über natürliche Erwerbsreihenfolgen
Für die Planung der Grammatikprogression haben wir uns auch bei studio d – **Die Mittelstufe B2** an folgenden Grundsätzen orientiert:

– Vom Leichten zum Komplizierteren (Komplexität einer Struktur/Lehrbarkeit)
– Von plausiblen, bekannten Kontexten zu neuen inhaltlichen Zusammenhängen (Lernerbezug/Vorwissen)
– Vom Häufigen zum Selteneren (Frequenz einer Struktur)
– Von Strukturen mit hoher Leistungsbreite zu Strukturen mit geringerer Leistungsbreite (Transferpotenzial einer Struktur/Brauchbarkeit)
– Pragmatische Aufteilung des grammatischen Pensums (Portionierung in lernbare Einheiten, die das Erkennen und Verstehen, Verarbeiten und Abrufen/Anwenden der grammatischen Strukturen für die Sprachproduktion ermöglichen)
– Hinweise auf universalgrammatische Lernreihenfolgen (Lernbarkeit)

4 Ü17 **Irgendwer hat doch sicherlich …?**

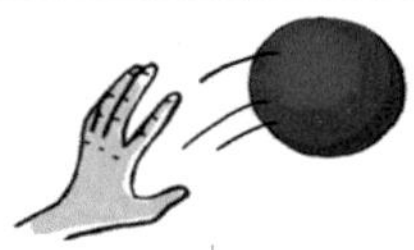

a) Fragen Sie im Kurs.

Irgendwer	von euch/ von Ihnen	hat doch sicher- lich schon einmal	Karaoke gesungen, einen wichtigen Termin vergessen, im Zug die Haltestelle verschlafen, ein Buch freigelassen, einen Fehler gemacht,	oder?

Irgendwer von euch hat doch sicherlich schon einmal Karaoke gesungen, oder?

Ja klar, Isabell.

Also ich noch nicht.

b) 5 Sehen Sie sich die Zeichnung an und ergänzen Sie die Regel.

Regel Indefinitpronomen benutzt man, wenn man eine Person oder Sache nicht genau benennen kann. Es ist ein Ausdruck von ....[1]. *Irgendwer* bezieht sich dabei immer auf eine ....[2], *irgendwelche* kann in Verbindung mit mehreren ....[3] oder ....[4] verwendet werden.

Person
Unbestimmtheit
Objekten
Personen

c) Gestalten Sie wie in b) ein Bild zur Regeldarstellung für *irgendwelche*.

Einheit 8, S. 99
Anwendung der Struktur im kommunikativen Zusammenhang vor der Bewusstmachung und Regelformulierung

Zum Stellenwert der Grammatik im Unterricht
Aus den genannten Überlegungen ergibt sich ein Vorschlag für eine gleichgewichtige Aufteilung von Unterrichtsaktivitäten nach dem folgenden Modell:

Präsentation „bedeutungsvoller" Inhalte	sprachform-bezogener Unterricht: Wortschatz und Grammatiktraining
aktives Sprachhandeln der Lernenden	Training von sprachlicher Flüssigkeit

Im Lehrwerk beanspruchen dabei die Präsentation von Inhalten und eine induktive, entdeckende Grammatikarbeit naturgemäß einen breiteren Raum als im Unterricht insgesamt. Aktives Sprachhandeln in bedeutungsvollen Kontexten und ein auf die konkrete Lerngruppe abgestimmtes Flüssigkeitstraining müssen im Kurs das Angebot des Lehrwerks ergänzen.

Auswahl der grammatischen Strukturen
Die Auswahl der zu thematisierenden und zu übenden Grammatikstrukturen erfolgt auf Basis der B2-Kannbeschreibungen des GER und von *Profile Deutsch*, wobei in den ersten vier Einheiten von

studio d – Die Mittelstufe B2: Das Konzept

studio d – **Die Mittelstufe B2** aus A2 und B1 bekannte Strukturen gezielt aufgegriffen, wiederholt und auf dem Niveau B2 erweitert werden.

Präsentation der Grammatik

Im Kurs- und Übungsbuch geben wir den Lernenden Hilfen zum eigenständigen Entdecken und Bewusstmachen der grammatischen Strukturen. Dabei wird weitgehend auf vorgefertigte Grammatiktabellen verzichtet. Die Referenztabellen finden die KT im Überblick im Anhang (*Grammatik auf einen Blick*). Sie können bei Bedarf wie ein Nachschlagewerk gebraucht werden. Da wir von einem unterschiedlichen Bedarf der KT an formalen Erklärungen ausgehen, ist der induktive Lernweg zwar häufig vorgezeichnet, aber nicht unser ausschließlicher Ansatz. Minimemos, Lerntipps, klärende Tabellen und Visualisierungen mit sparsamer, aber einprägsamer Farbgebung ergänzen das Lernangebot um deduktive Elemente.

Grammatikprogression

Bei der Aufteilung des grammatischen Lernpensums verfahren wir pragmatisch und sprachhandlungsbezogen. Es kann auch auf dem Niveau B2 nicht darum gehen, Grammatikphänomene „durchzunehmen" oder „abzuhaken". Vielmehr steht die Sprachhandlung im Vordergrund, eben das oben bereits angesprochene Handeln in und mit bedeutungsvollen Inhalten, für die man entsprechende Strukturen, aber vor allem auch Wortschatz oder Registerkenntnisse (z. B. Formen von Höflichkeit, Intonation) braucht. So werden z. B. nach dem Kriterium der Frequenz die Formen der indirekten Rede und der Konjunktiv I im ersten Teilband zunächst nur rezeptiv eingeführt, da diese vor allem in Zeitungstexten häufig vorkommen. Der/Die Autor/in des Zeitungsartikels macht so deutlich, dass er/sie die Aussage oder Meinung einer anderen Person wiedergibt und keine Garantie für den Inhalt der Worte übernehmen möchte. In der gesprochenen Sprache hingegen werden die Regeln der indirekten Rede mit der Verwendung der Konjunktivformen oft nicht beachtet, man hört *würde*, *hätte* und *wäre* anstelle der korrekten Konjunktivformen des Vollverbs, oft wird auch auf den Konjunktiv verzichtet und Ausdrücke wie *angeblich, laut, nach seinen Worten, wie XY sagt* benutzt, um sich von den Äußerungen eines anderen zu distanzieren. Deshalb geht es in studio d – **Die Mittelstufe B2** zunächst um das Erkennen der indirekten Rede in Texten und um das Erkennen ihrer spezifischen Funktionen. Der aktive Gebrauch der indirekten Rede vor allem in schriftlichen Texten ist dann Lerngegenstand in B2/2.

Wir gehen davon aus, dass durch die pragmatisch orientierte, d. h. sprachhandlungsbezogene Verteilung des Lernstoffs die Komplexität vieler sprachlicher Phänomene entschärft werden kann und auf diese Weise Lernschwierigkeiten entgegengewirkt werden kann.

Grundprinzipien unserer Wortschatzauswahl und -arbeit

Angebot von Wortfeldern nach den Vorschlägen des GER und von *Profile deutsch*

Es erfolgte eine Übernahme der Wortfeldvorschläge von *Profile deutsch* in Verbindung mit den Kannbeschreibungen. Hierbei handelt es sich immer um eine begründete Auswahl und Gewichtung seitens der Autorinnen und Autoren.

Wortschatz als offenes Angebot – Differenzierungsmöglichkeit

Wir verstehen die Arbeit an Wortfeldern als strukturiertes, aber offenes Angebot. Ein Wortfeld wie „Telefonische Bestellung" wird im Zweitsprachenunterricht in einer deutschsprachigen Umgebung beispielsweise intensiver bearbeitet und ausgebaut werden, weil die Sprachhandlung zum Alltag der Lernenden gehört. In einer fremdsprachlichen Umgebung dagegen kann das Angebot reduziert werden.

Berufsbezogener Transferwortschatz als Lernangebot

In den Einheiten und besonders in den Stationen haben wir in studio d – **Die Mittelstufe B2** Wortschatz aufgenommen, der in unterschiedlichen Berufen und beruflichen Kontexten benötigt wird (Prinzip der Integration berufsbezogenen Lernens).

Intensives Training von Wortverbindungen

Die Notwendigkeit der Vermittlung routinierter, formelhafter Sprache im Fremdsprachenunterricht steht mittlerweile außer Frage. Eine Umsetzung der im GER umrissenen Sprachhandlungskontexte wäre ohne die Einbindung fester Wendungen, wie z. B. *Ist doch klar!, Wie sagt man so schön: ..., Ich sehe das so: ...* etc. nicht möglich, bilden diese doch die Grundlage für gruppenkonformes und adäquates sprachliches Handeln in unterschiedlichen soziokulturellen Kontexten und sind damit Schlüssel zur kommunikativen Kompetenz in der Fremdsprache. studio d – **Die Mittelstufe B2** nimmt sich dieser Strukturen in besonderer Weise an und bietet neben der vielfältigen impliziten Arbeit in den Einheiten und Stationen eine Seite zu „Wortverbindungen intensiv" am Ende einer jeden Übungsbucheinheit an. Damit wird formelhafte Sprache nicht nur beiläufig präsentiert, sondern den Lernenden die Möglichkeit eröffnet, diese wichtigen Strukturen überhaupt erst einmal wahrzunehmen, sie in sinnvoller Weise zu wiederholen und dadurch in aktiven Wortschatz umzuwandeln.

Lernstrategien zum Verstehen, Ordnen und Memorisieren von Wörtern

Wir machen in studio d immer wieder praktische Angebote zur Einübung von Strategien der selbstständigen Wortschatzarbeit. Eine explizit ausgewiesene Strategie finden Sie auf der Seite „Wortverbindungen intensiv".

Phonetik und Aussprachetraining

Jede Sprache hat ihre eigenen phonetischen Mittel. Die phonetischen Mittel des Deutschen können mit Mitteln anderer Sprachen übereinstimmen, sich aber auch unterscheiden. Will man sich im Deutschen verständlich artikulieren und gesprächsfähig sein, sollte besonderer Wert auf die Aussprache, das heißt die Artikulation der Laute und die Intonation, gelegt werden. Mit einer korrekten Lautung und vor allem einer möglichst deutlichen und natürlichen Intonation hat man es leichter, sich situativ angemessen zu verhalten und verstanden zu werden.

Die Übungen in studio d – **Die Mittelstufe B2** mit dem Phonetikzeichen helfen, die korrekte Aussprache der Vokale und Konsonanten sowie die typische Intonation des Deutschen zu wiederholen und zu festigen. Sowohl sensorische als auch motorische Fähigkeiten werden weiterentwickelt und Angebote zur Automatisierung der Abläufe gemacht. Die Lernprogression verläuft in der Phonetik anders als auf anderen Sprachebenen: Interferenzen können sich als sehr langlebig und hartnäckig erweisen. Deshalb kommt dem Wiederholen von Mustern eine zentrale Bedeutung im Phonetikunterricht zu. Einen anhaltenden Übungseffekt zu sichern, also Klangmuster zu speichern sowie Sprechbewegungen einzuschleifen, braucht vor allem Zeit, Geduld und Energie, da jede abweichende Lautung und Intonation nur durch ständiges Wiederholen und Anwenden trainiert werden kann. Die Bewusstmachung des phonetischen Systems mit seinen Regeln sowie artikulatorischen und intonatorischen Mustern hilft, kann die Automatisierung der Abläufe aber nicht ersetzen. Akzentuierung, Rhythmus und Melodie bestimmen den Klang einer Sprache und sind für das Sprachverstehen von entscheidender Bedeutung. Das Deutsche gehört zu den akzentzählenden Sprachen, d. h. die Satzakzente werden in annähernd gleichen Abständen gesetzt. Die Satzakzente liegen im Allgemeinen nur auf solchen Silben, die in Wörtern als Akzentstellen festgelegt sind. Die Wahrnehmung und Anwendung der Wortakzente ist daher Grundlage der Satzakzentuierung, des Rhythmus' und der Sprechmelodie. Neben artikulatorischen Übungen werden verstärkt Übungen zu Wort- und Satzakzenten sowie zur Satzmelodie angeboten. Sprechpausen, die ein wichtiges Textgestaltungselement sind und das Verstehen gehörter Texte erleichtern, werden thematisiert. Durch die häufige Einbettung der IPA-Schriftzeichen bis hin zu spielerischen Transkriptionsübungen wird der Umgang mit der IPA geübt. Auf diese Weise wird das eigenständige Erarbeiten von neuem Wortschatz und seiner Aussprache mit Hilfe geeigneter (Aussprache-) Wörterbücher ermöglicht.

Phonetische Grundlagen beeinflussen den Sprachlernprozess positiv, sie fördern das verstehende Hören, das freie Sprechen und die Identifikation mit der Zielsprache. Deshalb wurden die Phonetikübungen sowohl in das Kurs- als auch in das Übungsbuch integriert. Sie orientieren sich immer an den jeweiligen thematischen Inhalten einer Einheit. Außerdem finden Sie in diesen Übungen Wortschatz, sprachliche Routinen und die grammatischen Schwerpunkte der jeweiligen Einheit wieder. Die Übungen im Übungsbuch sind so konzipiert, dass Lernende sie alleine durchführen können. Häufig müssen im Ausspracheunterricht Sprechhemmungen abgebaut werden, weil die sprecherische Identität als ungewohnt wahrgenommen wird. Eine entspannte Kursatmosphäre ist daher gerade für die Aussprache unerlässlich. Manche Lerner scheuen sich, Ausspracheübungen in der Gruppe zu machen. Die Angebote im Übungsbuch helfen, auch individuell zu trainieren.

In der Regel sind alle Ausspracheübungen folgendermaßen konzipiert: Hören – markieren – hören und vergleichen – nachsprechen – gelenktes Sprechen – ggf. freies Sprechen.

Folgende Varianten bieten sich für phonetische Übungen an:
1. Die Sprechübungen können in Lautstärke (laut, leise) oder Sprechtempo (langsam, schnell) variabel gestaltet werden. Besonders hilfreich ist die Realisierung emotionaler Formen. Lassen Sie die Übungen freundlich, ärgerlich, verwunderlich, ängstlich usw. sprechen – das kann bis zur Theatralik reichen, je nach Talent und Lust der Lernenden.

2. Arbeiten Sie mit Körperbewegungen und Gesten, unterdrücken Sie keinesfalls eine natürliche Gestik – sie gehört zum Sprechen dazu. Folgende Übungen lockern auf und verstärken gleichzeitig den Übungseffekt: Melodieverläufe und Pausen mit den Armen zeigen, Akzente mit einem Klatschen in die Hände markieren, lange Vokale zwischen den Händen dehnen usw.

3. Alle Tonbeispiele der Audio-CD und des Videos können für phonetische Übungen genutzt werden, auch wenn sie nicht explizit als solche markiert sind. Die meisten Sprecher/innen geben muttersprachliche Lautungs- und Intonationsmuster vor, die man nachsprechen oder mitsprechen kann. Auch das Mitsummen ist hilfreich, besonders zur Verdeutlichung der deutschen Intonation. Die Lernenden können dann ihr eigenes lautes Sprechen oder Lesen aufnehmen und mit den deutschen Sprechern und Sprechern vergleichen. Je nach technischen Möglichkeiten eignet sich diese Anregung sowohl für das Unterrichtsgeschehen als auch für das Selbststudium zu Hause.

4. Phonetische Schwerpunkte lassen sich auch auf andere Übungen übertragen: Vor allem Monologe, Dialoge und Lesetexte eignen sich zur Wiederholung und Anwendung der Aussprache und Intonation, auch wenn diese nicht mit dem Phonetiksymbol ausgewiesen sind.

Landeskunde und interkulturelles Lernen in studio d – Die Mittelstufe B2

Fremdsprachenunterricht beschränkt sich nicht nur auf das Lehren und Lernen sprachlicher Strukturen, sondern dient auch der Vermittlung von Kenntnissen über das Land bzw. die Länder und die Kultur(en) der Zielsprache sowie dem interkulturellen Lernen. Ziel von studio d ist es, landeskundliches Wissen zu vermitteln und dieses Wissen mit den Erfahrungen und Gegebenheiten der eigenen Realität zu vergleichen, persönliche Fremdheitserfahrungen zu machen sowie die Empathiefähigkeit, also das Verständnis für die Kultur des jeweils Anderen, den Abbau von Vorurteilen und das Aushalten von Unterschieden zu fördern.

Landeskundlich-interkulturelles Lernen findet in studio d integriert und auf unterschiedliche Art statt:

1. Visuell und textuell unterstützt durch die gelb unterlegten Landeskunde-Kästen, Fotos, Zeichnungen und Grafiken, die die Wahrnehmung trainieren und Gesprächsanlässe bieten.

2. Auditiv unterstützt durch Hörtexte, die nicht nur sprachliche Informationen transportieren, sondern auch den situativen Hintergrund und die Atmosphäre spiegeln.

3. Textbasiert durch die Präsentation von Themen und Texten, die am „Referenzrahmen" und an der Zielgruppe orientiert sind. Die ergänzenden Informationen in den Landeskundekästen trainieren vor allem das globale und selektive Lesen. Gerade die Auseinandersetzung mit Texten verlangt von den Lernenden Offenheit und die Bereitschaft zum Perspektivwechsel als Basis des landeskundlich-interkulturellen Lernens.

4. Audio-visuell durch das fakultativ einsetzbare Video, das neben den dargestellten Themen eine Vielzahl von weiteren Eindrücken, Gesprächsanlässen und „Wissensbausteinen" transportiert.

5. Multimedial durch die Internetseite zu studio d: www.cornelsen.de/studio-mittelstufe.
Durch die Internetverweise im Lehrwerk als auch mit unserer Internetseite, auf der wir ein aktuelles Angebot bereitstellen, das auf den Kenntnisstand der Lernenden abgestimmt ist, erhalten Sie kontrollierte, auf die Lehrwerksprogression abgestimmte landeskundliche Tipps für den Unterricht.

Wir wünschen Ihnen viel Erfolg und Spaß bei der Arbeit mit studio d – **Die Mittelstufe B2**.

Ihr Autorinnen-Team
Christina Kuhn, Rita Niemann, Britta Winzer-Kiontke, Ulrike Würz

Start B2

Herzlich willkommen! studio d – **Die Mittelstufe** lädt ein. Ziel dieser Einheit ist es, zum einen die KT miteinander bekannt zu machen und ins Gespräch zu bringen, zum anderen stellt sich das Lehrwerk und das dahinter stehende Konzept exemplarisch vor.
Einladungen aussprechen, annehmen und ablehnen können, sich als Gast in anders-kulturellen Kontexten korrekt verhalten – das sind zweifelsohne wichtige handlungsorientierte Kommunikationsmuster, die sich gut für einen Auftakt mit dem Lehrwerk eignen.
Die Einheit schließt mit einem Fragebogen ab, der die KT auffordert, Wünsche und Vorstellungen in Bezug auf den Kurs und das Lehrwerk zu äußern.

Textsorten

Einladungen ..., S. 9
Ratgeber *Ratgeber Karriere*, S. 9
Knigge international *Deutschland/Österreich/ Schweiz*, S. 11
Interview *studio d fragt nach*, S. 11
Telefonat *Einladung mit Hindernissen*, S. 12
Fragebogen *Deutschlernen – Was motiviert Sie?*, S. 13

Wortfelder/Sprachhandlungen/Routinen

eine Einladung aussprechen und annehmen, S. 8 f.
über Gastgeschenke und Bräuche sprechen, S. 10 f.
Einladungen bei uns, S. 11
Einladungen höflich ablehnen, S. 12
Gründe für das Deutschlernen benennen, S. 13
Wünsche und Erwartungen äußern, S. 13

Phonetik

Satzmelodie, S. 12

Kompetenzfelder

u. A. w. g./Kleidung formal, S. 10
Höfliche Ablehnungen, S. 12
sich verabreden, S. 12

1 Einladungen

1 Eine Einladung bekommen

a) und b) Einstimmung, eine lockere Atmosphäre schaffen, Vorwissen und Bilder im Kopf aktivieren

Besprechen Sie bereits vor dem Hören die Fotos und planen Sie eine Pause zum Eintragen und Vergleichen der Ergebnisse ein.

Landeskunde
Am 02. 07. 2010 ist Christian Wulff (CDU), ehemaliger niedersächsischer Ministerpräsident, zum Bundespräsidenten ernannt worden.

2 Eine Einladung annehmen

Einladungen aussprechen und annehmen, Automatisierung von Einladungsroutinen, Erwiderungs- und Zustimmungsformeln kennen lernen bzw. wiederholen und vertiefen

Auf Geschwindigkeit achten! Die KT wechseln sich ab. Vermeiden Sie Fehler, indem die Einladungsanlässe/-orte gemeinsam im Vorfeld erarbeitet werden. Lassen Sie in dieser Phase noch keine individuellen Einladungen formulieren. Dies erfolgt unter 2.2 (s. Pinnwand, u. a. *zum Konzert, zum Oktoberfest*).

3 *U. A. w. g.* und *Kleidung formal* ...

a) und b) ➢ c) ➢ ➢ d) ➢

a) und b) Selektives LV, Kennenlernen von Abkürzungen
c) Detailliertes LV, Wörter erklären
d) Mündlicher Bericht, interkultureller Vergleich und Austausch

c) Die Erklärung der Wörter erfolgt in der KG, um mehr KT zum Sprechen zu bringen.
d) Ggf. nicht sofort mit dem Bericht einsteigen, sondern den KT Zeit zur schriftl. Ausarbeitung geben. In heterogen zusammengesetzten Kursen ist die Bildung von Ländergruppen sinnvoll, da man in KG Ideen und Tendenzen gemeinsam zusammentragen und präsentieren kann.

d) Bringen Sie Bildmaterial mit (Gartenparty, 80. Geburtstag der Großeltern, Firmenjubiläum, Oper, Vortrag etc.) oder nutzen Sie die Bilder der Bildleiste unten. Die KT notieren und berichten, was sie in der jeweiligen Situation anziehen würden (Achtung: ggf. Konjuktiv II vorentlasten und Redemittel vorgeben: *Ich würde ... anziehen.*). Die anderen KT bewerten die Ausführung jeweils mit roter Karte (für *Nein, inakzeptabel!*), gelber Karte (für *Vielleicht.*) oder grüner Karte (für *Das ist in Ordnung.*).

2 Vielen Dank für die Blumen!

1 Einladung zu einem tollen Tag.

a) > > b) >

a) Detailliertes HV, Notizen machen
b) Selektives HV, Aufmerksamkeit auf spezifische Redemittel lenken

a) Die Hypothesen im Vorfeld mit den KT erarbeiten. *(Was würde man Samstagabend mit einem Kollegen unternehmen?).* Weisen Sie auf das Bild hin. HV mindestens zweimal abspielen, einmal im Ganzen hören, im Anschluss daran Zeit für erste Notizen geben. Beim zweiten Abspielen planen Sie Pausen ein und lassen die KT (möglichst in PA) ihre Notizen erweitern. Weisen Sie darauf hin, dass nur Wörter und Wortgruppen notiert werden dürfen. „Notizen machen" sollte immer wieder geübt werden: Vergleichen Sie den Umfang der Notizen der KT, führen Sie gemeinsam Streichungen durch, arbeiten Sie an Formulierungen (Verbalstil vs. Nominalstil) und diskutieren Sie, welche Informationen wesentlich und welche unwesentlich sind.
b) Lassen Sie den Dialog ggf. mehrmals hören.

2 Jemanden aus dem Kurs einladen

a) b)

a) Über Veranstaltungen im eigenen Land sprechen
b) Sich gegenseitig einladen, Transfer der in Aufgabe 1 präsentierten Redemittel in konkrete Kommunikationszusammenhänge

b) Üben Sie im Vorfeld die Routinen *Hättest du Lust auf ...?* etc., indem Sie die Redemittel lesen und mehrfach nachsprechen lassen (alternativ: *Mönchsgang**). Achten Sie auf Geschwindigkeit.

b) Sozialform ändern: Die KT laufen durch den Raum und laden sich gegenseitig ein.

3 Geburtstag, Abendessen, Jahreswechsel

oder

Über sich und die Gepflogenheiten im eigenen Land berichten, Vorarbeit zu 2.5

Geben Sie schwächeren KT eine kurze (ggf. schriftl.) Einarbeitungszeit vor dem Bericht. In heterogen zusammengesetzten Gruppen arbeiten die jeweiligen Ländergruppen an den Fragen.

4 Zu Gast sein ...

a) > b) > >

a) Interkulturelle Sensibilisierung, Austausch der KT
b) Detailliertes LV, Gepflogenheiten bzgl. Einladungen und Geschenke in den deutschsprachigen Ländern kennen lernen

b) Präsentation und Diskussion der Ideen erfolgt zuerst in der KG, um die Redeanteile der KT zu erhöhen.

Bringen Sie Bilder bzw. beschriftete Kärtchen von potenziellen Gastgeschenken mit. Die KT bewerten den Vorschlag. Schwächere KT arbeiten ggf. erneut mit roter bzw. grüner Abstimmkarte (vgl. Aufgabe 1.3 d).

5 studio d fragt nach …

a) ➢ b) ➢ ➢ c) und d) ➢

a) Hypothesen vor dem Hören bilden und damit eine Hörerwartung aufbauen (*Antizipieren** und *Inferieren** fördern)
b) Selektives HV
c) Interkultureller Vergleich: Gemeinsamkeiten und Unterschiede benennen
d) Vorbereitung detailliertes HV

b) Klären Sie vor dem Hören, dass die KT die Aussagen vollständig verstehen. Beachten Sie die Länge der Interviews (7:48 min.)! Planen Sie Pausen ein und lassen Sie die Interviews ggf. zweimal hören. Weisen Sie die KT darauf hin, dass sie nicht alles verstehen müssen, sondern zunächst nur selektiv hören, d.h. die Ankreuzaufgaben lösen. Die Interviews sind authentisch, d.h. die Befragten machen auch Fehler beim Sprechen, die Transkripte wurden dahin gehend bereinigt (vgl. S. 208 f.).
c) Arbeiten Sie in heterogenen Gruppen in nach Ländern geordneten KG bzw. setzen Sie jeweils eine/n Vertreter/in eines Landes in jede KG.

b) Sehr starke KT nutzen das Interview, um erneut das „Notizen machen“ zu üben. Die Ergebnisse werden in PA und anschließend im PL verglichen.
c) In heterogenen Gruppen können die KT Interviews zum Thema durchführen.

6 Einladungen bei uns

➢

Schriftliche Zusammenfassung der besprochenen Inhalte. Transfer und Vergleich mit eigenkulturellen Zusammenhängen

Vorarbeiten (Planung und Organisation der Inhalte) wie auch die Endkorrektur des Textes sollten im Kurs erfolgen. Die Korrektur müssen nicht notwendigerweise Sie übernehmen. Diese kann eigenständig unter Anleitung der KL erfolgen (Schreibwerkstatt: *Korrekturverfahren**).

Die Texte werden auf einem Plakat festgehalten und können mit Fotos/Bildern/Zeichnungen erweitert werden. Die Plakate werden im Kursraum aufgehängt (Galerie*).

3 Da kann ich leider nicht!

1 Einladungen absagen

a) ➢ b) ➢

a) Vorwissen aktivieren, Vorbereitung auf die HV-Übung in 3.1b), hypothesengeleitetes Hören (*Antizipieren** und *Inferieren** fördern)
b) Detailliertes HV, Notizen machen

a) Fragen Sie: *Was sind echte Gründe für eine Absage, was ist nicht akzeptabel?* Die KT sammeln und systematisieren ihre Ergebnisse an der Tafel.

2 Höflich absagen

Automatisierung von Redemitteln

Erklären Sie den KT die Prinzipien der *Automatisierung** und deren Zielstellung, dies schafft von Anfang an Akzeptanz für das Format. KT, die mit Automatisierungsaufgaben vertraut sind, können das Übungsformat vormachen.

Sozialform wechseln: Nachdem die KT in PA geübt haben, gehen sie im Raum umher und laden andere KT ein bzw. sagen höflich ab. Wichtig: Lassen Sie keine Modifikation der Sätze zu! Die KT reproduzieren die Aussagen vollständig aus dem Gedächtnis.

3 Einladen und absagen – die Satzmelodie a) und b)

a) und b) Sensibilisierung und Bewusstmachung der Grundlagen deutscher Intonation. Bei höflichen Einladungsfragen steigt die Melodie am Satzende (interrogativ), bei neutralen Aussagesätzen – hier höfliche Absagen – fällt die Satzmelodie (terminal). Erfolgt die Absage mit einer freundlichen Gegenfrage, wird diese auch mit steigender Satzmelodie gesprochen.

b) Nochmaliges Sprechen der Minidialoge, nun möglichst frei und mit Fokus auf die Satzmelodie, fördert das Einschleifen von Klangmustern und Artikulationsabläufen. Stärkere KT können die Dialoge mit eigenen Inhalten unter Berücksichtigung der Intonation erweitern bzw. durch Variationen in der Intonation Wirkungsunterschiede ausprobieren.

4 Einladung mit Hindernissen

a) Transfer und Anwendung der Strukturen in einen anderen Alltagskontext, einen Dialog gemeinsam erarbeiten
b) Szenisches Darstellen

Zwingen Sie – gerade zum Start – niemanden zur Präsentation, ermutigen Sie lediglich dazu. Nach Verschriftlichung des Dialogs und einer eigenständigen Korrekturrunde (ggf. in Zusammenarbeit mit einer anderen Gruppe) üben die KT ihre Rolle zunächst in E (leise lesend, ggf. *Mönchsgang**), dann im Wechsel mit dem/der Partner/in. Geben Sie Hilfestellung bei der Arbeit an der Aussprache (insbesondere der Satzmelodie).

Stärkere KT können weitere „Hindernisse" entweder durch Ihre Vorgaben bzw. selbstständig in den Dialogablauf einbauen.

4 studio d B2 lädt ein

1 Deutschlernen – Was motiviert Sie? a) b)

Sich über persönliche Gründe für den Kursbesuch austauschen

Weisen Sie die KT darauf hin, sich auf die drei wichtigsten Gründe zu beschränken.

2 Wünsche und Erwartungen äußern a) ➢ b)

a) Erwartungen und Wünsche bezogen auf den Kurs und das Lehrwerk zusammentragen

Schwächere Gruppen können mit Hilfe von Vorgaben ihre Wünsche konkretisieren (s. dazu Start: KV 1)

3 Machen Sie die Daumenprobe ➢

studio d – **Die Mittelstufe B2/1** kennen lernen, Erwartungen und Wünsche konkretisieren

Die KT können Themen und Inhalte mit Hilfe der Bildleiste rechts erraten und dann mit dem Inhaltsverzeichnis oder durch Blättern im Buch überprüfen. Legen Sie eine Lesepause ein, in der die KT einen ersten Eindruck vom Material gewinnen können. Notieren Sie sich Kommentare und Eindrücke und kommen Sie ggf. zu einem späteren Zeitpunkt darauf zurück. Nutzen Sie diese Möglichkeit, um Ihre Kursplanung stärker an den Wünschen und Vorstellungen der KT anzupassen.

Von Feen und Prinzen 1

Die Einheit thematisiert Märchen – ein universelles, meist sehr beliebtes Thema. Am Beispiel des Grimmschen Kinder- und Hausmärchens *Dornröschen* wird zum einen die Textsortenspezifik herausgearbeitet, zum anderen die Erfahrungswelt der KT angesprochen. Ziel ist es, über Märchen zu sprechen und ein Märchen nacherzählen zu können.
Anhand der Biografie von Elisabeth von Österreich-Ungarn werden Schlüsselkompetenzen wie *wesentliche Informationen aus Texten filtern und Notizen machen* erarbeitet. Außerdem setzen sich die KT mit dem – wenig märchenhaften – Leben Sissis auseinander. Im Anschluss daran erarbeiten sich die KT an zwei Werbetexten zum „Schlösserland Sachsen" schreib- und lesebezogene Schlüsselkompetenzen.
Der Ausstieg aus der Einheit erfolgt über die so genannten *Schildbürgerstreiche.*

Textsorten

Märchen *Dornröschen*, S. 16 f.
Kommentar *Märchen in der Diskussion*, S. 17
Biografie *Elisabeth von Österreich-Ungarn*, S. 18
Interview *Mythos und Wirklichkeit*, S. 19
Werbebroschüre *Willkommen in Sachsen*, S. 20
Werbetext *Traumhochzeit auf Schloss Moritzburg*, S. 21
Geschichte *Schildbürgerstreich*, S. 22

Wortfelder/Sprachhandlungen/Routinen

Wortfeld *Märchen*, S. 14 f.
Erinnerungen an Märchen, S. 15
Bilder vergleichen, S. 19
Adjektive in Werbetexten, S. 20

Grammatik

Wdh.: Präteritum, S. 14 f. und Plusquamperfekt, S. 19
Temporale Konjunktionen, S. 19
Wdh.: Adjektivendungen, S. 20 f.

Phonetik

Umlaute *ö* und *ü* richtig aussprechen, S. 17

Kompetenzfelder

wesentliche Textinformationen erfassen, S. 18
aus Markierungen Notizen machen, S. 18
gängige Abkürzungen kennen lernen, S. 18
einen Werbetext mit Hilfe einer Textvorlage schreiben, S. 20

1 Es war einmal ...

1 Grimms Kinder- und Hausmärchen

a) ... b) ggf. ...

a) Einstimmung auf das Thema, Vorwissen aktivieren
b) Detailliertes LV, Kennenlernen Grimmscher Kinder- und Hausmärchen

a) Sind keine Vorkenntnisse vorhanden, erfolgt eine Analyse der Titel mit Bezug auf die Bilder (*Auf welchem Bild ist ein Frosch zu sehen? Welches Mädchen hat eine rote Kappe auf?* etc.). Stärkere KT, die mit den Märchen vertraut sind, bilden Arbeitsgruppen mit schwächeren KT.

b) In den Kurzzusammenfassungen der Märchen werden Schlüsselwörter unterstrichen (die sich auch auf den Bildern befinden). Dies erleichtert die Zuordnung.

2 Märchen in Ihrem Land

Interkultureller Austausch, emotionale Einstimmung auf das Thema, über sich und die Märchenkultur im eigenen Land berichten, Vorarbeit für 1.3

Achten Sie bei heterogenen Gruppen darauf, dass stärkere KT schwächere KT unterstützen. Lassen Sie Notizen anfertigen, um die Gesprächsinhalte später wiedergeben zu können. Zwei bis drei Paare berichten exemplarisch zu einzelnen Punkten im PL. Die Arbeitsergebnisse können zu einem zusammenfassenden Text verschriftlicht werden.

3 Meine Erinnerung an Märchen

Einen Text über die eigenen Erfahrungen mit Märchen schreiben, Portfolioarbeit

Es entstehen persönliche Texte, deren *Korrekturverfahren** kritisch reflektiert werden sollten. Die Planung wie auch die (eigenständige) Endkorrektur des Textes sollte im Kurs stattfinden.

Fertigen Sie vor der Korrektur der Texte Kopien an. Sie brauchen diese ggf. für Einheit 4 (vgl. S. 33).

2 Ein Märchen der Brüder Grimm

1 Dornröschen

a) b) ➢

a) Bilder im Kopf aktivieren, ein Märchen rekonstruieren, detailliertes LV
b) Detailliertes HV, Überprüfung der rekonstruierten Fassung

a) Vermeiden Sie die Rekonstruktion des Märchens in E, die KG fördert den Austausch.
b) Ein zweimaliges Hören, ggf. mit Pausen, ist nötig.

Erarbeitung des Wortschatzes mit Hilfe der KV 1 (Einheit 1). Die KT suchen die entsprechenden Wörter zu den dargestellten Personen und Gegenständen auf den Kärtchen und legen diese dann beim Hören chronologisch nach ihrem Erscheinen.

2 Typisch Märchen

Vertiefte Auseinandersetzung mit der Textsorte *Märchen*, Reflexion über typische Elemente

Weisen Sie darauf hin, dass an *Dornröschen* gearbeitet werden muss.

Stärkere Gruppen können Märchenbeispiele ihrer Kultur sammeln. Die KT gestalten ein Plakat zu typischen Elementen und Eigenschaften von Märchen aus ihrer Heimat. Die Plakate können sukzessive um Bilder, Märchenbeispiele etc. im Verlauf der Arbeit an der Einheit erweitert werden.

3 Das schöne Dornröschen

a) b) und c) ➢

Wiederholen und Üben gerundeter Lippenlaute; Vorentlastung zur Nacherzählung in 2.4

Die Bildung der gerundeten Lippenlaute *ü/ö*, insbesondere der langen gespannten ü [yː] und ö [øː] -Laute, stellt häufig auch bei fortgeschrittenen Lernern noch ein Problem dar, vor allem beim freien Sprechen. In dieser Übung wird die Aufmerksamkeit speziell auf diese Laute gelenkt, um dann durch Nachsprechen die Nacherzählung in 2.4 vorzuentlasten.
a) Die KT hören die Wörter und markieren die Vokale: langes gespanntes ü [yː] und ö [øː], kurzes ü [ʏ] und ọ̈ [œ].
b) Das Sortieren und Finden weiterer Beispiele dient der Systematisierung. Vereinfacht gilt: ein Vokal wird kurz gesprochen, wenn ihm mindestens zwei Konsonanten folgen. Ausnahme hier: Österreich [øː].
c) Die KT sprechen die einzelnen Wörter nach und korrigieren sich gegenseitig. Stärkere KT können auch kleine Sätze oder Wortpaare bilden. Das Minimemo hilft zur Verdeutlichung, dass nicht alleine die Länge eines Vokals dessen Qualität bestimmt. Achten Sie darauf, dass die KT [yː] und ö [øː] deutlich gespannter und geschlossener sprechen. Die Abbildungen im Übungsbuch, Ü9 (S. 113) helfen.

4 Es war einmal …

Nacherzählen eines Märchens, Wortschatzwiederholung, Training freien Sprechens

Vermeiden Sie das Nacherzählen im PL. Erhöhen Sie die Redeanteile durch PA. Ggf. mit der KV 1 oder den Bildern aus 2.1 das Nacherzählen erleichtern.

Schwächere Gruppen dürfen ihre Notizen hinzuziehen. Diese im Vorfeld über die Bildunterschriften aus 2.1a) erarbeiten. Achten Sie darauf, dass nur Wörter, nicht ganze Sätze abgeschrieben werden (Vorarbeit für 3.1).

5 Märchen in der Diskussion

Selektives HV, über die Rolle von Märchen für Kinder nachdenken

Lassen Sie im Vorfeld Hypothesen darüber bilden, was die Kinderpsychologin sagen wird (Förderung von hypothesengeleitetem, antizipierendem Hören). Dies steuert die Erwartungshaltung und erleichtert den Hörprozess.

6 Dornröschen neu erzählt

*Kreatives Schreiben**, Fantasie anregen, lockere Arbeitsatmosphäre schaffen

Stellen Sie sicher, dass die KT den Arbeitsauftrag „Perspektivwechsel" verstehen. Fordern Sie auf, die Geschichte ggf. völlig abzuändern. Das Schreiben in der Gruppe regt zur Kommunikation unter den KT an, verhindert Schreibängste und fördert den kreativen Austausch. Kopieren bzw. digitalisieren Sie die fertigen Texte. Geben Sie Zeit für eine Lesestunde (*Galerie**) und lassen Sie ggf. die beste Idee durch die KT prämieren.

3 Ein Leben wie im Märchen?

1 Elisabeth von Österreich-Ungarn

a) + b) b) c) d)

a) Detailliertes LV, Informationen aus einem Text filtern, Wichtiges von Unwichtigem trennen
b) Über die Textsorte „Notiz" reflektieren, Strategien kennen lernen, die das Notizen machen erleichtern
c) Abkürzungen als Strategie für das Anfertigen von Notizen
d) Informationen ergänzen, eigenständig Notizen anfertigen

a) Fordern Sie die KT auf, zunächst allein zu arbeiten und dann den Umfang der eigenen Markierungen in PA oder KG zu vergleichen. Gemeinsam können unwichtige Informationen herausgefiltert werden. Die meist mit dem Erstellen von Notizen verbundenen Umformungen wie z. B. Verbal- in Nominalstil, aktivische Konstruktionen in passivische, pronominale Ersetzungen, Abkürzungen etc. sind komplex und sollten daher nicht alle sofort thematisiert werden. Konzentrieren Sie sich – insbesondere mit schwächeren KT – zunächst auf die Vorgaben der Aufgabe (Zahlen, Namen, wichtige Orte). Weitere Übungsmöglichkeiten bietet die Biografie der Gebrüder Grimm (s. Einheit 1: KV 2).

2 Ein Leben wie im Märchen?

Bildvergleich: Körpersprache, Symbole und Atmosphäre interpretieren, über Sissis Leben sprechen

Nachdem die KT die Bilder verglichen und interpretiert haben, fragen Sie: *Führte Sissi ein Leben wie im Märchen? Begründen Sie.* Regen Sie die KT in KG zur Diskussion an.

Schwächere KT machen sich zu den einzelnen Punkten (Frisur, Farben, Kleidung etc.) Notizen und nutzen dann die Redemittel.

3 Sätze verbinden mit temporalen Konjunktionen

a) b)

a) Temporale Konjunktionen wiederholen/vertiefen und systematisieren
b) Mündliche Anwendung

a) Geben Sie griffige Beispiele für die Bedeutung der Konnektoren.

Ich hatte 10 Jahre Deutschunterricht, ehe ich Deutschland das erste Mal sah.
Solange ich im Deutschkurs war, war ich sicher beim Sprechen.
Sobald ich in Deutschland ankam, hatte ich Probleme.

b) Geben Sie schwächeren KT die Möglichkeit, die Sätze zunächst schriftlich zu bilden und anschließend in der KG vorzulesen. Das beugt einer Überforderung vor.

4 Mythos und Wirklichkeit

a) ➢ ➢ b) oder c)

a) Selektives HV, weiterführende Informationen zu Sissi
b) Wdh. Plusquamperfekt – Erkennen der Zeitenfolge
c) Mündliche Anwendung des Plusquamperfekts

a) Sichern Sie das Verständnis der Aussagen im Vorfeld. Machen Sie Pausen beim Hören.

a) In einer schwächeren Gruppe teilen Sie die Aussagen unter den KT auf. Jeder konzentriert sich auf seine Aussage.
b) Wiederholen Sie in schwächeren Gruppen die Bildung des Plusquamperfekts an einem gut nachvollziehbaren Satzbeispiel (z. B. *Nachdem sich Sissis Sohn das Leben genommen hatte, wurde sie depressiv.*). Gehen Sie zunächst auf die Bildungsregel (Präteritum-Formen von *sein*/*haben* + Partizip II) ein und fragen Sie, welche der Handlungen zuerst passiert, welche darauf folgt.
c) In schwächeren Gruppen sollte die Geschichte nicht sofort mündlich erzählt, sondern schriftlich erarbeitet werden.

4 Schlösserland Sachsen

1 Eine Werbebroschüre lesen

➢ ➢

Das Schlösserland Sachsen kennen lernen, eine Broschüre lesen, Verstehensstrategien nutzen

Weisen Sie die KT auf die Bedeutung von Bildern und Überschriften bzgl. des Textverstehens hin. Fordern Sie sie auf, den Text nicht sofort zu lesen, sondern zunächst über Überschrift und Bilder die richtige Aussage zu finden. Die Hypothese wird dann lesend überprüft.

Nicht alle lesen alles! Bilden Sie 3er-Gruppen: jeder KT bekommt einen der drei Abschnitte, den er/sie lesen und wiedergeben muss.

2 Adjektive in der Werbung

a) ➢ b)

a) Adjektive suchen, lautes Lesen
b) Über die Funktion von Adjektiven reflektieren

a) Lassen Sie den Text nicht im PL vorlesen. Erhöhen Sie die Redeanteile der KT über PA.
b) Lesen Sie ggf. den Text nochmals einleitend für alle vor und regen Sie eine Diskussion zur Rolle der Adjektive an. Suchen Sie dabei auch den Vergleich zur Muttersprache der KT.

3 Adjektivendungen vor Nomen ohne Artikel

oder

Wdh. Adjektivendungen vor Nomen ohne Artikel, Beispiele sammeln und systematisieren

Bestimmen Sie gemeinsam mit den KT ein Beispiel. Weisen Sie die KT auf die Bedeutung dieses Übungsformats für die Endkorrektur schriftlicher Texte hin. Betonen Sie auch, dass im Mündlichen eher über *Automatisierung**, d. h. häufiges Nachsprechen frequenter Formen gelernt werden sollte. Bestimmen Sie nicht die Adjektivendungen anderer Abschnitte! Hier besteht die Gefahr der Monotonie und Überforderung der KT.

4 Einen Werbetext schreiben a) b) oder oder

a) Über den Inhalt und die Struktur der Textsorte „Werbetext“ reflektieren
b) Eine Broschüre mit Hilfe eines Beispieltextes gestalten, textsortenadäquates Schreiben üben

b) Nehmen Sie sich Zeit für den Planungsprozess. Fragen Sie: *Welche Punkte müssen in die Broschüre aufgenommen werden und in welcher Reihenfolge?* Geben Sie Zeit für die Bildsuche und ggf. die Gestaltung eines Logos. Bieten Sie unterschiedliche Korrekturrunden an (z. B. die Gruppen korrigieren sich untereinander, Experten/innen werden für unterschiedliche Probleme – Adjektivendungen, Rechtschreibung, Zeitformen, Konnektoren etc. – benannt.).

Erarbeiten Sie – insofern möglich – die Broschüre von Anfang an am Computer. Geben Sie das Format (z. B. A5-Format, zweispaltig) vor. Die Broschüren werden nach allen Korrekturdurchläufen ausgedruckt und in einem Ordner zur Einsicht im Klassenraum ausgelegt. Besonders gelungene Broschüren können im Kurs präsentiert werden.

5 Traumhochzeit auf Schloss … a) ➢ b) ➢

a) Selektives LV
b) Notizen machen, interkultureller Vergleich

Weisen Sie die KT darauf hin, zunächst die Angebote zu lesen und die Unterschiede bzw. Gemeinsamkeiten zu erarbeiten. Erst dann wird der Text hinsichtlich des Angebots untersucht.

Dieser Text eignet sich alternativ für ein wie unter 4.4 beschriebenes Schreibprojekt.

6 Adjektivendungen a) ➢ b)

a) Wdh. und Systematisierung der Adjektivendungen nach unbestimmtem Artikel
b) Adjektivanwendungen üben, Wünsche formulieren

a) Fordern Sie die KT auf, zunächst alle Adjektive nach unbestimmtem Artikel zu markieren. Das erleichtert die sich anschließende Zuordnung.
b) KT, denen das Thema „Hochzeitstag“ nicht zusagt, formulieren Wünsche für einen Geburtstag oder einen anderen besonderen Feiertag.

b) Schwächere KT formulieren Beispielsätze schriftlich vollständig aus. Korrigieren Sie sie, bevor die KT sie mehrfach lesen und dadurch automatisieren.

5 Das gibt's doch gar nicht!

1 Wie die Schildbürger … a) ➢ ➢ b) ➢ c)

a) Schildbürgergeschichten kennen lernen, detailliertes LV, Textinhalte mit Bildern vergleichen
b) Den Begriff „Schildbürgerstreich“ verstehen
c) Über unsinnige Maßnahmen aus dem eigenen Alltag berichten

c) Um den KT bei der Ideenfindung zu helfen, sollten Sie eigene Beispiele vorbereitet haben bzw. entsprechendes Bildmaterial mitbringen.

Die KT sammeln Begebenheiten und Fotos unsinniger Maßnahmen in der eigenen Stadt und gestalten dazu eine Präsentation oder ein Plakat bzw. eine Wandzeitung.

Landeskunde

Die Schildbürger, wohnhaft im fiktiven Ort Schilda, sind Hauptakteure einer ganzen Reihe von kurzen märchenhaften Geschichten (Schildbürgerstreichen). Den Ortsnamen gibt es wirklich: Die Gemeinde Schilda in Brandenburg trägt diesen Namen und liegt nahe des Familienbesitzes des mutmaßlichen Autors des Buches, Friedrich von Schönberg. Der Begriff „Schildbürgerstreich“ findet in der Umgangssprache für irreführende Regelungen oder besonders dumme Vorgänge oder Handlungen Verwendung.

2 Mein gutes Recht

Die Einheit beschäftigt sich mit den in der deutschen Gesellschaft verankerten Rechten und Pflichten sowie mit individuellen, persönlichen Wertvorstellungen.
Die Auseinandersetzung mit dem Grundgesetz dient nicht nur der landeskundlichen Information, sondern bietet ebenso die Möglichkeit des Strategietrainings (u.a. Erschließen von unbekanntem Wortschatz). Anhand eines authentischen Berichts einer Berliner Schülerin werden einige der Grundrechtsartikel in Alltagssituationen dargestellt.
Im Anschluss daran werden Nachbarschaftsstreitigkeiten thematisiert, um den KT effektive Strategien zum Umgang mit konfliktbeladenen Situationen an die Hand zu geben. Zum einen lernen die KT sich in höflicher und angemessener Form mündlich wie schriftlich zu beschweren, zum anderen auf Beschwerden sachlich einzugehen.
Der Ausstieg aus der Einheit erfolgt über Brechts „Kaukasischen Kreidekreis", der nicht nur zum Nachdenken, sondern auch zur Diskussion über Rechte auffordern soll.

Textsorten

Gesetzestext *Grundrechte*, S. 26
Internetblog *Ein Tag mit den Grundrechten*, S. 27
Zeitschriften-Rubrik *Ratgeber Recht*, S. 29
Leserbrief *Wie würden Sie entscheiden?*, S. 29
Streitgespräch *Jetzt reicht's mir aber!*, S. 30
Beschwerdebrief *Beschwerde über Kundendienst …*, S. 31
Geschichte *Ein kluges Urteil*, S. 32

Wortfelder/Sprachhandlungen/Routinen

Nichtwissen ausdrücken, S. 25
über (persönliche) Rechte und Pflichten sprechen, S. 27
Vermutungen äußern, S. 27
sich beschweren, S. 30
Konflikte lösen, S. 30
einen Beschwerdebrief schreiben, S. 31
Ratschläge geben, S. 31

Grammatik

Wdh.: Infinitiv mit *zu*, S. 28
Erweiterung: Infinitiv mit *zu* im Perfekt, S. 28
Wdh. Konjunktiv II in der Funktion „Ratschläge geben", S. 31

Phonetik

sich höflich beschweren, S. 30

Kompetenzfelder

Vermutungen äußern und begründen, S. 24, S. 27
Arbeit mit dem einsprachigen Wörterbuch, S. 26
eine Leseerwartung aufbauen, S. 29
Konflikte mit Hilfe von Gesprächsstrategien lösen, S. 30
sich höflich beschweren, S. 31

Testformat

Prüfungsvorbereitung telc Deutsch B2:
Mündliche Prüfung: Teil 2, schriftlicher Ausdruck (Brief)

1 Das ist mein gutes Recht!

1 Begriffe erklären — oder

Vorwissen aktivieren, Arbeit mit dem einsprachigen Wörterbuch, Vorarbeit für 2.1

Begrenzen Sie die Arbeitszeit. Die KT halten ggf. die Bücher geschlossen.

Teilen Sie die KT in eine „Pflichten-" und eine „Rechte-" Gruppe. Jede Gruppe arbeitet an einer Begriffsdefinition. Die Auswertung erfolgt in PA: jede/r sucht sich eine/n Experten/in aus der jeweiligen anderen Gruppe und tauscht die Definition aus.

2 Meinungen … a) oder b) oder

a) Einstieg ins Thema, Hypothesen über Personen bilden, Vorarbeit für 2.3, Notizen für einen Steckbrief anfertigen
b) Die eigene Wahl begründen, über eine Person sprechen

Die KT lesen nicht die Sprechblasen, da dies Aufgabe 1.3 vorgreifen würde.

Schwächere KT erarbeiten die Steckbriefe gemeinsam.

3 Rechte im Alltag a) oder b) und c)

a) Detailliertes LV und Bildzuordnung, individuelle Werte und Einstellungen kennen lernen
b) Ausgewählte Rechte deutscher Bürger/innen kennen lernen
c) Über die in b) vorgestellten Rechte sprechen, (Nicht-)Wissen ausdrücken, interkultureller Vergleich

b) Weisen Sie die KT darauf hin, keine Sätze zu notieren.
c) Schwächere KT beschränken sich auf die Kommentierung mit Hilfe der Redemittel. Regen Sie stärkere Gruppen zum Vergleich mit dem Rechtssystem der eigenen Kultur an.

4 Richtig oder falsch? oder

Wertvorstellungen und Meinungen kennen lernen, selektives HV, d. h. Herausfiltern relevanter Informationen aus einem längeren komplexen Hörtext

Beachten Sie die Länge des Hörtextes: 3:22 Min.! Lassen Sie die KT im Vorfeld die Aussagen genau lesen und klären Sie wenn nötig Verständnisfragen. Stoppen Sie die Aufnahme nach jeder Person und fördern Sie den Austausch in PA oder KG.

In schwächeren Gruppen können ggf. Teile des Transkripts (S. 211 f.) hinzugezogen werden. Stärkere KT hören die Aussagen einmal ganz, um einen Gesamteindruck zu erhalten.

2 „Die Würde des Menschen …" – Die Grundrechte

1 Auszug aus … a) oder > b) >

a) Auseinandersetzung mit den Grundrechten und dem deutschen Grundrechtskatalog, Erschließen von fachsprachlichen Texten („Juristendeutsch") mit Hilfe von Wörterbuch und anderen Ressourcen
b) Detailliertes LV, über die Aussagen und Korrekturen sprechen

M Wörterbücher mitbringen

a) Fragen Sie zum Einstieg in die Sequenz 2 „Die Würde des …": *Wo sind Rechte und Pflichten von Bürgern festgehalten?* Die Auseinandersetzung mit den Begriffen „Grundrecht" und „Grundgesetz" sollte vor der Wörterbucharbeit erfolgen (Landeskundebox hinzuziehen). In homogenen Gruppen bietet sich ein Verweis auf die entsprechende Gesetzesgrundlage an. Die KT sollten sich aufgrund der Komplexität der Aufgabenstellung in PA oder KG austauschen.

Starke KT vergleichen den deutschen Grundrechtskatalog mit der Gesetzeslage im eigenen Land.

2 Ein Tag im Leben … a) und b)

a) Detailliertes LV, erneute Verständniskontrolle zu 2.1, Transfer des Themas in Alltagszusammenhänge
b) Prüfungsvorbereitung telc Deutsch B2, Vermutungen äußern

b) Vorbereitung auf die Mündliche Prüfung (Teil 2: Diskussion). Der Text enthält bereits eine Vielzahl von Infinitiven mit *zu*. Weisen Sie die KT nicht explizit darauf hin, sondern konzentrieren Sie sich zunächst auf die Arbeit am Inhalt.

Redemittel über Redemittelkärtchen einüben, die die KT anfertigen. Es wird je ein Redemittel auf einer Karte festgehalten. Die KT ziehen eine Karte und müssen die Formulierung in die Rede einbauen. Üben Sie das Äußern von Vermutungen ggf. an anderen Beispielen weiter. Sie fragen z. B. *Wie groß ist Deutschland?* Ca. 360 000 km^2 oder 500 000 km^2, *Wie viele Einwohner wohnen vermutlich pro km²?* 229 oder 70?)

3 Meine Rechte und Pflichten

Einen *Ich-Text** schreiben, Portfolioarbeit

Texte nicht notwendigerweise als Hausaufgabe, sondern im Unterricht erstellen. Bieten Sie Hilfestellung an, z. B. vor dem Schreiben ein gemeinsames Brainstorming. Während des Schreibens folgen Sie dem Prinzip Lerner helfen Lernern. Die Korrektur der Texte kann im Rahmen einer *Schreibwerkstatt** erfolgen.

Fordern Sie stärkere KT auf, die gesetzlichen Grundlagen in den *Ich-Text** einzubeziehen.

3 Infinitiv mit *zu* – Wiederholung und Erweiterung

1 Infintiv mit *zu* erkennen

Wdh. B1: Einheit 3, Infinitiv mit *zu* erkennen

Den Text ggf. über OHP präsentieren und ein Beispiel gemeinsam suchen.

Regen Sie einen Wettkampf unter den KT an, indem Sie eine (knappe) Zeitvorgabe machen.

2 Rechte international

Austausch, interkultureller Vergleich in heterogenen Gruppen, Anwendung Infinitiv mit *zu*

Schwächere Gruppen notieren zunächst die Sätze. Nach einer Korrektur werden diese lesend eingeübt (z. B. über den *Mönchsgang**) und mündlich präsentiert.

3 Infinitiv mit *zu* analysieren

Analyse des Infinitivs mit *zu*, Erweiterung auf Formen im Perfekt

Erhöhen Sie die Redeanteile der KT durch die Analyse in KG. Präsentieren Sie die zu analysierenden Sätze am OHP.

4 Infinitiv mit *zu* in Präsens und Perfekt a) b) c)

a) Erweiterung des Infinitivs mit *zu* auf Formen im Perfekt, Ergänzung einer Regel
b) Zeitpunkte in Satzkonstruktionen mit Infinitiv mit *zu* analysieren
c) Gelenkt-variierende Anwendung der grammatischen Struktur

a) Die Zeitpunkte könnten ggf. Verständnisprobleme verursachen. Wählen Sie griffige Beispielsätze zur Erklärung. „Sich erinnern" impliziert Vorzeitigkeit, d. h. fragen Sie die KT: *Wenn Sie an Ihre Kindheit denken, woran erinnern Sie sich heute besonders gern?*
b) KT sollten die unterschiedlichen Zeitpunkte benennen können.
c) Starke KT berichten in PA über die eigene Kindheit.

4 Immer Ärger mit den Nachbarn?!

1 Das kann doch wohl nicht wahr sein!

a) b)

a) Vorwissen aktivieren, Vermutungen äußern
b) Detailliertes LV und Überprüfung der Hypothesen, Vorbereitung hypothesengeleitetes Lesen

a) Beziehen Sie das Bild mit ein (und präsentieren Sie es ggf. als Einstieg über OHP). Ausgehend davon, lassen sich andere Situationen ableiten. Regen Sie einen interkulturellen Vergleich an und fragen Sie: *Was ist in Deutschland unter Nachbarn vermutlich (k)ein Problem? Wie ist dies bei Ihnen?*

2 Ratgeber Recht

a) b) oder

a) Detailliertes LV
b) Sprechen, interkultureller Vergleich

Zunächst werden nur die Leserbriefe präsentiert und die Bücher bleiben geschlossen. Jede KG formuliert eine Antwort auf einen Brief. Die Präsentation erfolgt im PL. Erst dann werden die Texte gelesen. Dieses Vorgehen trainiert hypothesengeleitetes Lesen.

b) Bei heterogenen Gruppe ggf. Ländergruppen bilden und eine Position finden lassen. Dann erfolgt der Austausch im PL.

3 Wie würden Sie entscheiden?

Über eine Rechtsfrage diskutieren, seine Meinung darstellen und vertreten, *funktionales Schreiben**

PA ist E vorzuziehen, um eine Diskussion zu ermöglichen und den Austausch im Planungs- und Schreibprozess zu fördern. Weisen Sie auf die Textsortenspezifik des Antwortschreibens hin.

Stärkere Gruppen können eigene Leserfragen formulieren und gegenseitig beantworten. In heterogenen Gruppen können länderspezifische Probleme diskutiert werden.

4 Jetzt reicht's mir aber!

a) b)

a) Selektives HV, Notizen machen, sich über ein Gespräch austauschen
b) Die eigene Wahrnehmung reflektieren, sich über den Klang der Stimmen austauschen, Vorarbeit zu 4.5

a) Weisen Sie die KT darauf hin, lediglich Wörter bzw. Wortgruppen zu notieren. Die kürzeste und treffendste Notiz wird an der Tafel festgehalten.
b) Die Liste der Adjektive kann von den KT erweitert werden. Eine Diskussion über die Wahrnehmung von Stimmen etc. kann in homogenen Gruppen – wenn nötig auch in der Muttersprache – erfolgen. Dies trägt zur Sensibilisierung der Selbstwahrnehmung bei.

5 Geht das auch freundlicher?

a) und b) b)

Höflichkeit durch Intonation

Höflichkeit ist abhängig von Situation, Körpersprache und Wortwahl, aber auch in hohem Maße davon, *wie* etwas gesagt wird. Allgemeingültige Regeln gibt es nicht, aber Tipps:
a) KT hören Gesprächsteile und werden so für verschiedene Intonationsmuster sensibilisiert.
b) Mit der Zuordnung werden Merkmale einer höflichen Intonation bewusst gemacht (ruhig, viel Melodie, Stimme steigt bei Fragen oft nach oben).

c) KT sprechen einzelne Sätze und variieren die Intonation. Stellen Sie die Frage, wie die Sätze verschieden intoniert auf die KT wirken. Stärkere KT können den Dialog mit einer höflichen/unhöflichen Rollenverteilung nachspielen.

6 Konflikte sachlich lösen

a) ➢ b) ➢ ➢

a) Gesprächsstrategien kennen lernen
b) Gesprächsstrategien in der Rede wiedererkennen, selektives HV, Bewusstmachung (*noticing**) von kommunikationsrelevanten Strukturen

Die KT sollten nicht alle Strukturen lernen und anwenden. Ggf. eine kleinere Auswahl treffen und diese in 4.7. anwenden.

Schwächere KT markieren je eine Formulierung pro Gesprächsstrategie, die gelernt wird.

7 Rollenspiel

Transfer, ein Rollenspiel erarbeiten, Anwendung von Gesprächsstrategien, Training der Redemittel, Training des freien Sprechens

Nach Verschriftlichung des Dialogs und einer eigenständigen Korrekturrunde (ggf. in Zusammenarbeit mit einer anderen Gruppe) üben die KT ihre Rolle zunächst in E (leise lesend, *Mönchsgang**), dann im Wechsel mit dem/r Partner/in. Geben Sie Hilfestellung bei der Arbeit an der Aussprache. Abschließend erfolgt die Präsentation im PL.

Landeskunde

Nach einer Bundesgerichtshofentscheidung gelten für das Musizieren zuhause die gleichen Grundsätze wie für andere Geräuschquellen im Haus. Dabei spielt die Art der Musik, z. B. Klassik, Rock oder Pop, keine Rolle. Während der Ruhezeiten, d. h. in den Mittags- und Nachtstunden, ist Zimmerlautstärke einzuhalten.

Bieten Sie weitere Situationen für Rollenspiele an (vgl. Einheit 2: KV 1, Aufgabe 1).

8 Beschwerdebrief

a) ➢

Kennenlernen der Textsorte „Beschwerdebrief“, detailliertes LV

Klären Sie den Begriff „Beschwerde“ im Vorfeld, fragen Sie nach gängigen Beschwerdemöglichkeiten (per Mail, per Brief, mündlich) und der von den KT bevorzugten Variante.

In schwächeren Gruppen über W-Fragen eine Hilfestellung beim Lesen anbieten.

9 Sechs Tipps für …

Textanalyse, detailliertes LV, Transfer allgemeiner Richtlinien auf ein konkretes Alltagsbeispiel

Fordern Sie die KT auf, ihr Ergebnis zu begründen.

Kontrastierung mit einem weiteren Beschwerdebrief (vgl. Einheit 2: KV 1, Aufgabe 2). Die KT markieren Fehler und problematische Passagen im Brief.

10 Ratschläge für …

Anwendung Konjunktiv II Gegenwart in der Funktion „Ratschläge geben“, Bildung von Formulierungsvarianten

Automatisieren Sie die Redemittel ggf. zunächst ohne Ergänzung. Die KT analysieren nicht die Formulierungen, sondern lernen diese ganzheitlich durch lautes Nachsprechen und häufige Wiederholungen.

Die KT geben sich Tipps bzgl. effektiver Gesprächsstrategien bei Konflikten (Wdh. Thematik 4.6).

11 Einen Beschwerdebrief schreiben oder

Textsortengebundenes und -adäquates Schreiben, Anwendung und Training von themenbezogenem Wortschatz, Prüfungsvorbereitung telc Deutsch B2, Schriftlicher Ausdruck (Brief)

Das Schreiben des Briefes muss nicht notwendigerweise als Hausaufgabe erfolgen. Die Punkte aus Aufgabe 4.8 sollten bei der Planung und Endkorrektur hinzugezogen werden. Geben Sie den KT einen Ablaufplan (vgl. Tafel), der die Korrekturphase unterstützt und nutzen Sie die Checkliste (Einheit 2: KV 2).

Worauf Sie achten sollten:

1. Adressdaten
2. Datum und Ort
3. Betreffzeile
4. Anrede
5. Gliederung Hauptteil
6. Abschiedsgruß und Unterschrift
7. Rechtschreibung
8. Grammatik

Schwächere KT verwenden den Beschwerdebrief aus Aufgabe 4.8 als Vorlage.

5 Von absurden Gesetzen und klugen Richtern

1 Verrücktes in den Gesetzbüchern a) b)

Hypothesen zu den Fotos bilden und schriftlich festhalten, lockere Arbeitsatmosphäre schaffen

Begrenzen Sie die Arbeitszeit! Lassen Sie die KT keine längeren Texte schreiben, ggf. reicht ein Satz.

Schwächere KT überspringen a) und beginnen mit b).

Die KT recherchieren nach weiteren ungewöhnlichen Gesetzen in ihren Ländern und fertigen ein Plakat an. Die Auswertung erfolgt über die *Galerie** im Kursraum

2 Ein kluges Urteil a) b)

a) LV, Hypothesen bilden, in einer Diskussion eine Position vertreten, Schreiben
b) Hypothesengeleitetes Lesen und Diskussion

Stärkere Gruppen können sofort das Urteil diskutieren, mit schwächeren KT sollten Sie zunächst die Inhalte zusammenfassen.

Landeskunde

Bertolt Brecht wird am 10. 02. 1898 in Augsburg als Sohn des Direktors einer Papierfabrik geboren. Er studiert Naturwissenschaften und Medizin in München und ist 1918 in einem Militärlazarett tätig. Ab 1920 arbeitet Brecht als Dramaturg an den Münchner Kammerspielen, ab 1924 in Berlin am Deutschen Theater. 1933 flieht Brecht nach Dänemark und gibt von 1936 bis 1939 zusammen mit Lion Feuchtwanger und Willi Bredel die in Moskau erscheinende Zeitschrift „Das Wort“ heraus. 1940 flieht er nach Finnland, 1941 schließlich in die USA. Nach dem Krieg zieht Brecht nach Zürich und 1948 in den Ostteil Berlins. Er gründet dort das „Berliner Ensemble“. Brecht gehört zu den wichtigsten sozialistischen Dramatikern und Lyrikern des 20. Jahrhunderts.

3 Digital zu Hause

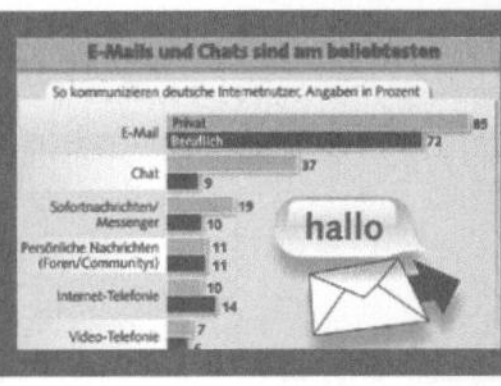

In der Einheit beschäftigen sich die KT mit modernen Medien. Der Einstieg erfolgt über Computeranwendungen, die z. T. bekannt sein dürften (u. a. *Wikipedia*) und daher den Austausch im Kurs fördern. Besonderer Wert wird auf die Arbeit mit Grafiken und Diagrammen gelegt. So finden sich eine Vielzahl von Aufgaben und Übungen, die die KT befähigen, Grafiken bzw. Diagramme auszuwerten und zu kommentieren. Das Anfertigen einer eigenen Kursstatistik rundet die Arbeit ab. Die Themenbereiche Rundfunk, Fernsehen und Kino werden den KT auf Grundlage authentischer Textsorten (u. a. Radiospot, Kinowerbung) auf abwechslungsreiche Weise näher gebracht. Die Arbeit an Sprachhandlungen wie *eine Nachricht auf der Mailbox hinterlassen* und auch die grundsätzliche Frage nach dem Umgang mit persönlichen Daten im Internet stellen neben der Arbeit an graduierenden Adverbien und der doppelten Negation weitere Arbeitsschwerpunkte der Einheit dar.

Textsorten

Computeranwendungen *Wikipedia* etc., S. 34
Grafiken (u. a. *Die Mediengeneration)*, S. 35
Informationstext *Radio und Fernsehen …*, S. 36
Radiospot *Schon GEZahlt?*, S. 36
Kinoplakat und -werbung *Free Rainer*, S. 38
Interview *Eine Stunde am Tag zum Leben*, S. 38
Programmzeitschrift, S. 39
Zeitungsartikel *Bewerberinformationen …*, S. 41
Soap *Lindenstraße*, S. 42

Wortfelder/Sprachhandlungen/Routinen

über Medien und Mediennutzung sprechen, S. 34 f.
eine Grafik auswerten und kommentieren, S. 35
eine Nachricht auf der Mailbox hinterlassen, S. 40

Grammatik

Graduierende Adverbien, S. 37
Wdh.: Komperativ, Superlativ, S. 37
Wdh.: Nominalisierung mit *zum*, S. 40
Doppelte Verneinung: *nicht ohne*, S. 40
Wdh.: Nebensätze mit *um ... zu,* S. 40

Phonetik

Graduierende Adverbien betonen, S. 37

Kompetenzfelder

eine Grafik auswerten, kommentieren und selbstständig erarbeiten, S. 35
mit Bildern und Überschriften Hypothesen bilden, S. 38
Hauptaussagen in einem Text erkennen, S. 40

1 Nicht ohne meinen Computer

1 Heute schon geskypt? a) b)

Vorwissen aktivieren, Interesse wecken, über Computeranwendungen ins Gespräch kommen

a) Selbst wenn die KT einige der Computeranwendungen nicht kennen sollten, helfen die Namen in den Bildern. Erhöhen Sie die Redeanteile der KT über KG.

b) Machen Sie Screenshots von Anwendungen, die Ihren KT bekannt sind, bringen Sie diese auf Folie/Papier mit und erweitern Sie damit die Gesprächsmöglichkeiten.

Stärkere KT erklären schwächeren KT, was man mit diesen Anwendungen macht. Ebenso können die KT an einer Definition arbeiten. Achten Sie auf die Kürze der Darstellung.

2 Jugendliche und Medien a) und b)

a) Selektives HV
b) Detailliertes HV, Informationen über die Mediennutzung Jugendlicher sammeln, Filtern von Informationen aus einem Hörtext

a) Die KT bilden in KG vor dem Hören Hypothesen zu den in der Grafik fehlenden Informationen (hypothesengeleitetes Hören). Diese werden schriftlich festgehalten. Durch dieses Vorgehen findet eine erste intensive Auseinandersetzung mit den Inhalten der Grafik statt und eine Hörerwartung wird aufgebaut. Das Interview wird ohne Unterbrechung abgespielt, um einen Gesamteindruck zu vermitteln. Konzentration nur auf die Medien. Die Zahlen bleiben vorerst unberücksichtigt.
b) Machen Sie Pausen, so dass die KT Notizen machen können. Hypothesen werden in KG verglichen. Vermeiden Sie E.

3 Und Sie? Welche Medien nutzen Sie wie oft? oder

Über sich berichten, Rückbezug zur Aufgabe 1, Wdh. der unterschiedlichen Medien

Bei schwächeren KT schalten Sie die Ü2 im Übungsbuch (S. 130) vor oder lassen die Aussagen verschriftlichen. Vermeiden Sie eine Analyse der Satzgliedstellung. Bieten Sie dafür eine *Automatisierung** nach folgendem Muster an:

Mit	Siedler Wikipedia YouTube …	habe ich ________ arbeite/spiele ich	ständig selten nie immer …	zu tun/gespielt. ________

4 Mit einer Grafik arbeiten

Grafiken auswerten und kommentieren

Ziehen Sie die Ü3–4 im Übungsbuch (S. 131) ggf. im Kurs hinzu, hier bieten sich vielfältige Möglichkeiten, die Schritte einzeln zu erarbeiten und zu systematisieren. Weisen Sie die KT auf den inhaltlichen Unterschied zwischen *auswerten* und *kommentieren* hin. Letzteres gibt eine subjektive Haltung wieder, *auswerten* bedeutet eine möglichst objektive Darstellungsweise der Inhalte.

Überfordern Sie die KT nicht! Reduzieren Sie die zu lernenden Redemittel für schwächere KT, indem sich diese ihre „Favoriten" markieren und z. B. in eine Kartei-Lernbox aufnehmen (vgl. Vorschlag, S. 119).

2 Fernsehen total

1 Radio und Fernsehen in Deutschland a) b) c)

a) und b) Landeskundliche Informationen zu Rundfunk und Fernsehen, detailliertes LV, Textsorte „Lexikoneintrag" kennen lernen
c) Interkultureller Vergleich

a) Der Text bietet eine Fülle weiterer Informationen. Die KT können Fragen zum Text formulieren und diese in KG oder im PL stellen.
b) Die KT begründen ihre Wahl und kreuzen nicht nur an. Hinweise zur GEZ und der geplanten Neuregelung:

Landeskunde

Die GEZ verzeichnet rund 42,5 Millionen Teilnehmerkonten mit 43 Millionen Radios, 37 Millionen Fernsehgeräten und 192 000 „neuartigen Rundfunkgeräten“. Von 2013 an wird im Zuge einer Neuregelung jede Wohnung nur eine Gebühr überweisen. Damit wäre egal, wie groß der Haushalt ist und wie viele TV- und Radiogeräte die Bewohner/innen besitzen.

c) KT mit geringen Rechercheerfahrungen benötigen Hilfestellung bei der Durchführung z. B. in Form von Internetadressen.

a) Die KT verbinden vor dem Lesen die Sätze und überprüfen dann ihre Hypothesen (hypothesengeleitetes Lesen). Strategietraining: Die KT markieren nach dem Verbinden der Satzteile die Schlüsselwörter und suchen diese im Lexikoneintrag (selektives Lesen). Dies spart Zeit beim Lesen und hilft bei der Orientierung im Text.

2 „Was sehen Sie am liebsten?“ … a) b)

a) Selektives HV
b) Flüssigkeitstraining

a) Weisen Sie die KT darauf hin, dass nicht die Gesamtaussage verstanden werden muss, sondern Aussagen zu den Schlüsselwörtern (Show, Nachrichten etc.). Die KT bilden vor dem Hören eine Hypothese, was die Leute am liebsten sehen. Dies steigert das Interesse.
b) Es handelt sich nicht um eine klassische Automatisierungsaufgabe (da Fehler unterlaufen können), dennoch auf Wiederholungen und Flüssigkeit beim Sprechen achten.

b) Schwächere KT üben im Vorfeld die Komparation der Adjektive und die Pluralformen der Sendeformate und fertigen sich eine Liste dazu an. Evtl. Beispielsätze vorab schriftlich bilden.

3 Kursstatistik a) b)

a) Austausch im Kurs, eine Statistik anfertigen
b) Wdh.: Redemittel zur Auswertung einer Grafik (Transfer in anderen Kontext)

a) Überlassen Sie in starken Kursen einzelnen KT das Nachfragen und Notieren der Ergebnisse (ggf. Orientierung am Bild) und halten Sie sich im Hintergrund.

Schwächere KT werten die Kursstatistik zuerst schriftlich aus und präsentieren ihre Fassung im Anschluss daran in der KG, um die Redeanteile zu erhöhen.

4 Graduierende Adverbien … a) b) c)

a) und b) Wdh. graduierender Adverbien und deren Aussprache

Wenn Unsicherheit besteht, erklären Sie den KT Funktion und Auftreten von graduierenden Adverbien: Sie dienen der Abschwächung oder Verstärkung eines Adjektivs und stehen immer vor diesem. Eine eindeutige Systematisierung ist nicht möglich, da intonatorische und kontextuelle Faktoren über den abschwächenden/verstärkenden Charakter entscheiden.

b) Lesen Sie Dialogteile einmal mit und einmal ohne das graduierende Adverb laut im Kurs vor und fragen Sie nach dem Höreindruck. Die KT können den Dialog in PA nachsprechen und an der Intonation arbeiten. Geben Sie Hilfestellung.

c) Die KT sprechen über andere (frei zu wählende) Themen, z. B. das Lieblingsbuch, die Lieblingsschauspielerin oder ein Hobby.

3 Alles Quote?

1 „Free Rainer – dein Fernseher lügt“ a) b) c)

a) Hypothesen bilden, neugierig machen, Vorwissen aktivieren
b) Wörter nachschlagen, Textsorte „Kinowerbung“ kennen lernen
c) Detailliertes HV, sich mit dem Inhalt des Films auseinandersetzen

a) Den KT ggf. Hinweise zur Bildinterpretation über gezielte Fragestellung geben *(Wie viele Personen stehen im Mittelpunkt? Was ist im Hintergrund angedeutet? Was bedeutet die Aussage „dein Fernseher lügt“? Wie würden Sie den Mann im Zentrum mit drei Adjektiven beschreiben?* etc.).
c) Klären Sie im Vorfeld Verständnisfragen und stoppen Sie die CD, um das Notizen machen zu erleichtern.

Organisieren Sie Wörterbücher für den Kurs.

a) Lassen Sie die KT in KG eine kurze Geschichte in maximal zehn Sätzen schreiben. Die Aussage *dein Fernseher lügt* muss enthalten sein.

Analysieren Sie mit den KT das Layout der Kinowerbung (u. a. Plakat, Textaufbau, zusätzliche Angaben zum Film). Die KT fertigen in E oder PA Kinowerbung für Ihre Lieblingsfilme an. Hängen Sie die Produkte im Kurs auf und legen Sie eine Lesepause (*Galerie**) ein.

2 Regisseur Hans Weingartner erinnert sich a) b)

a) Vermutungen über Textinhalte anstellen, Auseinandersetzung mit Weingartners Position
b) Textinformationen chronologisch nach Textvorgabe ordnen

a) Vorwissen aus Aufgabe 3.1 aktivieren: Fragen Sie, welche Position Weingartner zum Fernsehen hat, was er vermutlich mit *Eine Stunde am Tag zum Leben* meinen könnte. Präsentieren Sie ggf. die Überschrift bei geschlossenem Buch, um ein Weiterlesen der KT zu vermeiden.

a) Arbeit an der Textsorte „Magazinbeitrag/Interview“: Stärken Sie die Textsortenkompetenz der KT durch Beschäftigung mit dem Layout des Artikels. Geben Sie folgende Kategorien vor und lassen Sie sie im Text markieren.

1. Überschrift, 2. Unterzeile, 3. Rubrik, 4. Informationstext zu Weingartner, 5. Bild, 6. Interviewfrage, 7. Antwort

Weisen Sie auf die Bedeutung des Layouts für das Textverständnis hin.
b) Ggf. erst die Aussagen in eine logische Reihenfolge bringen und dann hypothesenüberprüfend lesen lassen.

3 Eine Grafik erarbeiten

Erstellen einer Grafik und Auseinandersetzung mit Diagrammformen

Geben Sie Hilfestellung, indem Sie auf Varianten eingehen (u. a. Torten-/Balkendiagramm).

4 Die Einschaltquote a) b)

a) Detailliertes LV, aus Textinformationen eine Schlussfolgerung ziehen
b) Sich austauschen, eine Strategie gemeinsam entwickeln

b) Die Aufgabe besteht darin, einen 10-Punkte-Plan zur Quotensteigerung zu erarbeiten. Ggf. hierfür eine Präsentation vorbereiten lassen oder die Punkte im Klassenraum aufhängen. Im Anschluss daran erfolgt die Diskussion der Punkte und das Sammeln der besten Ideen.

5 Fernsehsendungen a) b)

a) Ich-Anbindung, Austausch über persönliche Vorlieben
b) Selektives LV, seine Meinung vertreten, einen Fernsehabend aushandeln

b) Klären Sie im Vorfeld das Vorgehen: KT markieren in E alle Sendungen, die für sie selbst akzeptabel sind, ggf. ein, zwei Favoriten, die er/sie unbedingt sehen möchte. Fördern Sie selektives LV: Weisen Sie die KT darauf hin, dass sie den Text nicht Wort für Wort entschlüsseln müssen. Machen Sie Zeitvorgaben für die Phasen, in denen „verhandelt" wird.

4 Nicht ohne mein Handy

1 Das Handy im Alltag a) oder b)

a) Vermutungen anstellen, Vorwissen aktivieren, *intelligentes Raten**, Aufmerksamkeit steuern
b) Selektives HV, Hypothesen überprüfen

b) Der Hörtext bietet vielfältige Möglichkeiten detailliertes HV zu üben. Stellen Sie z. B. weitere W-Fragen (Sie: *Wie heißt die eine Person?* – Antwort: *Maike. Von welcher Handyfunktion hätte die Person nicht gedacht, dass sie so oft genutzt wird. – Videos schauen.; Worüber ist die Person erstaunt? – Dass so wenige Nutzer ins Netz gehen.; Was wird zukünftig stärker genutzt werden? – Die Handynavigationsfunktion.*).

2 *Um zu* oder Nominalisierung mit *zum* a) und b)

a) Wdh. *um ... zu* und Nominalisierung mit *zum*
b) Ich-Anbindung, Rückbezug zu 1.3 (Wdh. der Häufigkeitsangaben)

Vorsicht: *Ich nutze das Handy zum Navigieren.* bzw. *zur Navigation.*

Spielvorschlag: Stärkere Lernergruppen beschreiben einen Gegenstand mit Hilfe der beiden Formen. Die anderen raten, um welchen Gegenstand es sich handelt. (z. B. *Man nutzt es zum Lesen und ich brauche es auch, um fernzusehen. – Die Brille.*) Schwächere KT verfassen ein kleines Rätsel und lesen dieses vor. Die anderen raten.

3 *Nicht ohne ...* a)

*Automatisierung** von *nicht ohne*, flüssiges Sprechen üben, doppelte Negation anwenden

Lassen Sie die KT allein sprechen. Achten Sie auf korrekte Aussprache und Flüssigkeit. Steigern Sie sukzessive die Geschwindigkeit. In PA fügen Sie eine Erkundigungsformel vom Typ *Und du?/Und Sie?* für den Sprecherwechsel hinzu (z. B. *Ich gehe nicht ohne mein Handy aus dem Haus. Und du? – Ich gehe nicht ohne ...*).

4 Eine Nachricht auf der Mailbox hinterlassen a) b) c)

a) Wdh. bzw. Vertiefung der Sprachhandlung *eine Nachricht hinterlassen*
b) Selektives HV, *noticing** und *awareness raising**
c) Transfer der Strukturen

a) Bisher dienten Redemittelkästen der Übersicht bzw. wurden mit Markierungen versehen, jetzt erfolgt zusätzlich eine Zuordnungsaufgabe. Durch die stärkere Beschäftigung mit den Strukturen werden diese intensiver bearbeitet und besser erinnert.
b) Unterstützt die bewusste Wahrnehmung und damit die Verarbeitung der Strukturen.
c) Achten Sie darauf, dass schwächere KT die Redemittelvorgaben nutzen und bieten Sie stärkeren KT Modifikationen und Varianten an (z. B. *Ich habe ein dringendes Anliegen. Ich bin zwischen 8 und 16 Uhr unter folgender Nummer erreichbar. Rufen Sie mich doch bitte bis spätestens ... Uhr zurück. Herzlichen Dank und viele Grüße.*). Vergleichen Sie die Varianten in der KG.

5 Cliquen klicken

1 Netzwerke im Internet a) > b)

a) Internetnetzwerke kennen lernen, selektives LV
b) Ich-Anbindung, seine Meinung äußern

a) Weisen Sie die KT darauf hin, dass für die Zuordnung nicht alles gelesen werden muss. Fördern Sie selektives LV durch eine Zeitvorgabe (max. 1 Min.) bzw. lassen Sie das Wort markieren, ab dem die Zuordnung möglich und das Weiterlesen unnötig war. Thematisieren Sie im Anschluss, welche Schlüsselwörter und Strategien bei der Lösung der Aufgabe geholfen haben. Fordern Sie die KT dann auf, die Texte genau zu lesen, um die Unterschiede zwischen den Netzwerken zu benennen.

Thematisieren Sie nach Abschluss der Aufgabe das Vorgehen der KT, indem diese Zutreffendes ankreuzen.

Ich habe ...
- nicht versucht, alle Wörter zu verstehen. ☐
- mir das passende Wortfeld vor dem Lesen klar gemacht (z. B. StudiVZ = Universität, Studium, Studenten) und danach im Text gesucht. ☐
- nicht auf Inhalt, sondern Schlüsselwörter geachtet. ☐
- nach identischen Wörtern im Text gesucht. ☐
- sofort aufgehört zu lesen, als ich die Zuordnung erkannte. ☐

2 Kontakte im Netz

Auseinandersetzung mit „Netzwerken – wie viele persönliche Informationen im Netz?"

b) Sie oder stärkere KT halten die Vor- und Nachteile von Netzwerken an der Tafel fest.

Vorteile	Nachteile
Leute finden Kontakte	

Starke KT tauschen sich mündlich aus, schwächere greifen auf Ü17 im Übungsbuch (S. 137) zurück.

3 Böses Erwachen – kein Job! a) > b) > c) > >

a) Hauptaussage in einem Text verstehen
b) Formen doppelter Verneinung analysieren
c) Doppelte Verneinung umformen

a) Lassen Sie die KT nur die Überschriften des Artikels lesen und vermuten, welche Hauptaussage passen könnte (hypothesengeleitetes Lesen).

b) Helfen Sie den KT:

~~nicht un~~interessant = interessant

c) Ggf. streichen die KT lediglich die Negation weg und lesen die Sätze in PA vor.

c) Starke KT tauschen sich darüber aus, was sie nicht unwichtig finden. Dazu Kartensets mit passenden Fragen (Einheit 3: KV 1) mitbringen.

6 Die Glücklichmacher

1 Soaps

a) Vorwissen aktivieren, sich über Soaps austauschen
b) Charakteristika von Soaps sammeln

a) In heterogenen Gruppen Ländergruppen bilden, in homogenen Gruppen Bilder von bekannten Soaps ihres Landes mitbringen und so die Diskussion stärker anregen und steuern.

2 Die „Lindenstraße" ist Kult

a) oder

Detailliertes LV, landeskundliche Informationen: „Lindenstraße"

Die KT markieren im Text die Passagen, die die Antwort auf die Fragen enthalten. Der Text bietet vielfältige Informationen. KT notieren weitere Fragen zum Text und stellen diese im PL vor.

3 Die „Lindenstraße" – eine Episode schreiben

a) und b)

a) und b) Eine Episode mit Hilfe von Bildvorgaben und Aussagen schreiben

a) Lassen Sie die KT in KG zu folgenden Punkten ein Brainstorming durchführen.

- Anzahl der Personen
- Konstellation der Personen: Wer mit wem? Warum?
- Orte und Zeitpunkte
- ein Problem
- ein Cliffhanger

b) Lagern Sie den Schreibprozess nicht als Hausaufgabe aus dem Unterricht aus, sondern richten Sie eine *Schreibwerkstatt** ein.

4 Telenovela: Kult oder „kalter Kaffee"?

Austausch im Kurs, seine Meinung darstellen und begründen

Regen Sie die KT über konkrete Fragen zur Diskussion an, z. B. *Was ist Ihrer Meinung nach momentan die beste Telenovela? Würden Sie einen Termin für Ihre Lieblingssoap schwänzen oder früher von der Arbeit nach Hause gehen? Träumen Sie von Ihrer Lieblingssoap? Diskutieren Sie in Internetforen über „Ihre" Soap mit? Weshalb würden Sie sich (niemals) eine Soap anschauen? Würden Sie gerne in einer Soap mitspielen?*

Einfach lecker?! 4

Die Einheit behandelt das Thema „Essen" und fokussiert dabei insbesondere auf Ernährungsgewohnheiten und Entwicklungstendenzen in der Lebensmittelproduktion. Auf Basis von zwei Zeitungsartikeln, die das Thema aus unterschiedlicher Perspektive beleuchten, werden u.a. Texterschließungs- und -wiedergabestrategien trainiert. Das Partizip I mit Nomen wird wiederholt und erweitert. Im Anschluss daran werden am Beispiel einer kleinen Hamburger Konditorei Fragen der Arbeitsphilosophie thematisiert. Dabei wird die Stellung des Verbs im Hauptsatz wiederholt und der Satzgliedstatus von Nebensätzen dargestellt. Besonderes Augenmerk liegt auf den mit einer *Bestellung* verbundenen Sprachroutinen. Als motivierender Ausstieg aus der Einheit wird das „Erste Wiener Gemüseorchester" vorgestellt, ein Ensemble, das ausschließlich mit Gemüse musiziert.

Textsorten

Radiofeature *Heute schon gefragt*, S. 44
Interview zum Thema „Essen", S. 45
Kurzkommentar, S. 45
Zeitungsartikel (u. a. *Deutschland soll fit werden*), S. 46
Bericht *Süße Träume aus dem Norden*, S. 48
Telefonische Bestellung *Ein Anruf beim Partyservice*, S. 50

Wortfelder/Sprachhandlungen/Routinen

über Lebensmittel und Essen sprechen, S. 44 f.
Aussagen kurz kommentieren, S. 45
einen Text auswerten und zusammenfassen, S. 47
etwas bestellen (aushandeln, nachfragen, bestätigen), S. 50 f.

Grammatik

Wdh.: Partizip I, S. 47
Erweiterung: Partizip I mit Verb oder Nomen, S. 47
Satzgliedstellung: Position des Verbs und NS vor HS, S. 49

Phonetik

Satzmelodie, S. 51

Kompetenzfelder

Hypothesengeleitetes Lesen, S. 46
Lesestrategie: Globales Lesen, S. 46, S. 48
Textinhalte über W-Fragen erarbeiten, S. 46
Texte in fünf Schritten zusammenfassen, S. 47
Formelhafte Strukturen raushören, S. 50

Testformat(e)

Prüfungsvorbereitung telc Deutsch B2: Mündliche Prüfung: Teil 2, S. 47
Prüfungsvorbereitung Goethe-Zertifikat B2: Mündlicher Ausdruck, S. 52

1 Lebensmittel in der Diskussion

1 Essen heute

Einstimmung, Wdh. Wortschatz, über das Thema „Essen" sprechen, Notizen machen

Die Auswertung erfolgt z. B. über Folien/Plakate. Alternativ können Begriffe während der Arbeitsphase an der Tafel gesammelt werden. Begrenzen Sie die Zeit! Die Wortschatzerarbeitung findet ohne Wörterbuch statt, um diese Phase zeitlich nicht zu stark auszuweiten.

Jede KG erhält ein kopiertes Bild (möglichst in Farbe). Ebenso könnte je eine Bilderreihe, getrennt nach „Bio" (Reformhaus, Markt, Kuh) und „industriell produziert" (Fast Food, Geflügeltransport, Fischstäbchenproduktion) in KG bearbeitet werden. Die KG stellt ihr Bild / ihre Bilderreihe im PL vor. Bringen Sie ggf. zusätzliches Material aus Zeitschriften mit, um so zum interkulturellen Vergleich anzuregen.

2 Radiofeature … a) ▸ ▸ b) c) d) ▸

Landeskundliche Informationen zu Ernährungsgewohnheiten und Entwicklungstendenzen in der Lebensmittelproduktion
a) Selektives HV
b) Detailliertes LV und Wortschatzarbeit: Erweiterung Wortfeld „Essen“
c) Wortschatzarbeit: Wörter über Kontext verstehen und *intelligentes Raten**
d) Selektives HV

a) Arbeit bei geschlossenem Lehrwerk, da Hörtext unter b) vollständig abgedruckt. Vermeiden Sie E aufgrund der Komplexität von Aufgabenstellung und Wortschatz. Unterbrechen Sie, wenn nötig, die Höraufnahme mehrfach und spielen Sie sie mindestens zweimal ab.
Helfen Sie den KT, indem Sie sie auffordern, nach Erklärungen direkt vor oder hinter den Begriffen zu suchen. Erhöhen Sie die Redeanteile der KT durch Austausch in der KG.
d) Vor dem Hören ordnen die KT die Aussagen den Personen zu (hypothesengeleitetes HV).

a) In schwächeren Gruppen lesen die KT den Text mit, in stärkeren Gruppen wird der Text lediglich einmal gehört.

3 Ihre Meinung ist gefragt a) ▸ b) ▸

a) Erarbeitung der Redemittel über selektives HV
b) Auf eine Aussage reagieren können, Anwendung/Training der Redemittel

a) Planen Sie eine Lesephase ein und stellen Sie vor dem Hören sicher, dass alle Vokabeln bekannt sind. Machen Sie eine Pause nach jedem Interview zum Markieren der Strukturen. Wenn nötig, die Interviews erneut abspielen. In den Pausen können die Ergebnisse zwischen den KT in PA verglichen werden.
Kräuterleiste: Sie können die KT ggf. auf die Namen der Kräuter hinweisen und übersetzen lassen. Natürlich können Sie ebenfalls Kräuter in den Unterricht mitbringen (*mit allen Sinnen lernen**). Insofern Sie die Kräuterleiste unthematisiert lassen, verfolgen Sie unseren Ansatz des *inzidentellen Lernens**.

Stärkere Gruppen bilden eigenständig Thesen zum Thema und kommentieren diese.

2 Essen in den Schlagzeilen

1 Vor dem Lesen: Ideen und Hypothesen

Hypothesengeleites Lesen, Interesse aufbauen (Hypothesen überprüfen), Ideen auf der Grundlage von Überschiften formulieren und Notizen machen

Lassen Sie die KT noch nicht die Texte lesen. Die Bilder dienen als Hilfestellung.

Landeskunde

Laut der „International Association for the Study of Obesity (IASO)“ hat Deutschland europaweit die meisten Übergewichtigen und hat nach Zeitungsangaben Tschechien, Zypern und Großbritannien in der Rangliste der Übergewichtigen abgelöst. Niedrige Einkommens- und Bildungsklassen sind überdurchschnittlich oft von Gewichtsproblemen betroffen. In Deutschland gibt das Gesundheitssystem mittlerweile zwischen 10 und 20 Milliarden Euro für gewichtsbedingte Zivilisationskrankheiten aus.

Landeskunde

Der Verein „Familienhilfswerk e. V.“ ist seit 2007 tätig. Zum Verein gehören die Stadtverbände Berlin und Hamburg, wobei Berlin Hauptsitz ist. Es ist ein gemeinnütziger Verein, der sich durch ehrenamtliche Hilfe sowie durch Geld- und Sachspenden finanziert. Anliegen des Vereins ist es, durch Projekte Kindern und Jugendlichen in schwierigen Lebenssituationen zu helfen.

Sammeln Sie Überschriften aus deutschsprachigen Zeitschriften und üben Sie Hypothesen bilden. Die Artikel müssen nicht im Anschluss daran gelesen werden. Eine Rückmeldung zur Hypothese erfolgt durch Sie.

2 Lesestrategie: Texte überfliegen

Hypothesengeleitetes Lesen, einen Text global verstehen

Geben Sie den KT eine Minute Lesezeit und weisen Sie sie darauf hin, dass der Text nicht im Detail gelesen, sondern überflogen werden soll, um die Hypothesen zu überprüfen.

3 Texte schnell verstehen

Einem Text Informationen entnehmen, selektives LV, Notizen machen, sich über Textinhalte austauschen, Vorbereitung auf Aufgabe 2.4

Der Austausch sollte in PA erfolgen. Erhöhen Sie damit die Redeanteile der KT.

Schwächere Lerner arbeiten gemeinsam an einem Text und präsentieren ihn in KG.

4 Textinhalte in fünf Schritten zusammenfassen

oder oder

Informationen zusammenfassen und präsentieren können, Prüfungsvorbereitung telc Deutsch B2

Zeitmanagement: Nicht alle KT präsentieren im Plenum. Erhöhen Sie die Redeanteile der KT, indem Sie in PA oder KG präsentieren lassen. Vorbereitung auf die Mündliche Prüfung telc Deutsch B2 (Teil 2: Diskussion).

Schwächere Gruppen formulieren den Vortrag vollständig schriftlich aus und präsentieren dann in KG. Ermutigen Sie dennoch zu Stichworten. Stärkere KT arbeiten auf Grundlage ihrer Notizen.

5 Gibt es Probleme …

oder

Interkultureller Vergleich, über Probleme im eigenen Land sprechen

Nur in starken Gruppen ist eine sofortige mündliche Reaktion möglich, schwächere Gruppen benötigen eine gesteuerte Einarbeitungsphase (z. B. zunächst schriftlich und Eingrenzung auf zwei Aussagen). Möglichkeit *etwas kurz kommentieren* erneut zu üben: KT reagieren zunächst mit Kurzkommentar auf die Aussage des Vorgängers, danach äußern sie ihre eigene Meinung.

6 Wiederholung Partizip I

a) oder b) oder ➢

Wdh.: Bildungsregel für Partizip I (vgl. studio d B1, E7)

In schwächeren Gruppen erarbeiten und wiederholen Sie am Beispiel (*trotz strömenden Regens*) die Regel im Vorfeld und lassen erst dann Belegstellen in den Texten suchen.

7 Partizip I mit Verb und Nomen

a) b) oder

a) Differenzierung adverbialer vs. attributiver Gebrauch
b) Analyse attributiv verwendeter Partizip-I-Formen

Wdh.: Deklination der Adjektive (KB E1, S. 21)
b) Lösen Sie ein bis zwei Beispiele gemeinsam mit den KT.

Wir hoffen deshalb auf die zunehmende Unterstützung...
Infinitiv + d + Endung
Akk.
feminin/Sg.
Worauf hoffen wir? — Akk.

Teilen Sie Folien aus. Die KT erarbeiten in PA je eine Partizip-I-Form. Das spart Zeit und beugt Monotonie vor. Auswertung erfolgt am OHP.

8 Über einen Zeitungsartikel sprechen a) b)

Produktive Anwendung Partizip I, die Zeitungsartikel bewertend kommentieren

b) Lassen Sie die KT im Vorfeld einen interessanten Artikel mitbringen bzw. stellen Sie selber einen zur Verfügung. Die Arbeit an den Texten muss dann nicht notwendigerweise als Hausaufgabe erfolgen. So bleibt die Möglichkeit der Korrektur und Steuerung im Kurs.

a) In schwächeren Gruppen dürfen die KT ihre Aussagen zunächst schriftlich erarbeiten.

3 Essen als Geschäftsidee

1 Klasse statt Masse a) b)

a) Globales LV, landeskundliche Informationen
b) Detailliertes LV, Überschriften den passenden Textpassagen zuordnen

a) Weisen Sie auf die Bedeutung des Fotos zur Texterschließung hin. Fordern Sie die KT auf, die Stelle im Text zu markieren, an der sie sich sicher waren, welche der drei Überschriften passt.

Verbessertes Zeitmanagement: Vier KT lesen je einen Abschnitt des Textes und ordnen eine Teilüberschrift zu. Es erfolgt eine mündliche Wiedergabe des Textinhalts in KG.

2 Fragen zum Text

Wiederholung/Anwendung Texte schnell verstehen über W-Fragen (2.3)

Weisen Sie die KT auf die W-Fragen hin. Erhöhen Sie die Redeanteile der KT über KG.

3 Ihre Meinung ist gefragt

Wiederholung/Anwendung der Redemittel aus 1.3

KT kommentieren kurz (Wdh. 1.3), vermeiden Sie längere Meinungsäußerungen.

Stärkere Gruppen können die Kurzkommentare erweitern.

4 Hauptsatz und Nebensatz erkennen

Wdh.: Satzgliedstellung der Verben in HS und NS

Geben Sie nicht zu viel Zeit zur Bearbeitung der Aufgabe, da es ein Wiederholungsthema ist und einige KT ggf. unterfordert.

5 Nebensatz vor Hauptsatz a) ➢ b) ➢ ➢

a) Den Satzgliedstatus von NS verstehen, Stellung der Verben bei Frontposition des NS
b) Anwendung der Analyseergebnisse aus a)

a) Satzglieder und deren Status wurden in **studio d** bisher noch nicht explizit definiert. Daher verzichtet die Darstellung auf eine Kennzeichnung (erfolgt in Einheit 5). Die Grundaussage wird mit Hilfe der Darstellung schnell ersichtlich: Nebensätzen kommt Satzgliedstatus zu, wenn Sie vor dem HS stehen und Position 1 bilden.
b) Weisen Sie die KT beim Umstellen der Sätze auf die veränderte Position der Nominativ-Ergänzung hin.

6 Fehlerkorrektur

Anwendung der Analyseergebnisse

Weisen Sie die KT darauf hin, dass sich pro Satz nur ein Fehler findet. Die KT markieren und korrigieren nicht nur den Fehler, sondern begründen, warum ein Fehler vorliegt.

Hinweis: Fertigen Sie, wenn möglich, regelmäßig Kopien von Texten Ihrer KT an und verteilen Sie diese in solchen Korrekturphasen. Jeder KT kann an seinem eigenen Text nochmals die Satzgliedstellung überprüfen und ggf. korrigieren.

4 Eine Bestellung aufgeben

1 Ein Anruf beim Partyservice a) b) ➢

a) Textsorte „Bestellung“ kennen lernen, Bestellvorgang rekonstruieren, Textkohärenz herstellen, den Ablauf einer Bestellung antizipieren, HV-Überprüfung
b) Selektives HV, Bestellroutinen kennen lernen und wahrnehmen (*noticing** und *awareness raising**)

b) Weisen Sie Ihre KT darauf hin, dass im Redemittelkasten der Ablauf einer Bestellung chronologisch durchlaufen wird (Hilfestellung für 4.5)

2 Rückruf vom Partyservice

Bestellroutinen erneut hören, den Preis/Umfang der Leistung verhandeln

Die Rückverhandlungen können im Schreiben des Bestelldialogs unter 4.5 eine gute Vorlage sein. Diskutieren Sie ggf. mit den KT Verhandlungsstrategien und deren sprachliche Umsetzung. (Fragen Sie: *Frau Zintel ist mit dem Angebot nicht zufrieden. Was sagt sie?* und spielen Sie die Passage erneut vor.). Nutzen Sie ggf. zur intensiveren Bearbeitung das Transkript auf S. 214.

3 Satzmelodie erkennen

Wiederholung und Erweiterung Satzintonation

Bei Satzfragen ist der Melodieverlauf interrogativ, d. h. steigend, insbesondere dann, wenn die Wortstellung unverändert zum Aussagesatz ist (keine Verb-Erststellung). Weisen Sie die KT darauf hin, dass allein durch eine steigende Intonation aus einem Aussagesatz eine Frage werden kann.

b) Lassen Sie den Dialog aus 4.1 a) auswendig lernen oder frei nachspielen. Achten Sie auf die Intonation der Fragen. Stärkere KT können den Dialog mit eigenen Satzfragen erweitern.

4 „Ich hätte gern …" a) b) c)

a) Globales HV, Bildzuordnung
b) Selektives HV, Konzentration auf einzelne Aspekte des Gesprächs
c) Detailverstehen

Weisen Sie die KT auf die unterschiedlichen Aufgabenformate und die damit verbundenen Hörstile hin. Dies erleichtert die Arbeit mit dem Hörtext. Vermeiden Sie reine Einzelarbeitsphasen. Lassen Sie die KT untereinander vergleichen und sich ggf. in PA gegenseitig korrigieren.

5 Bestellungen üben

Transfer in andere Kontexte, Festigung der Redemittel *eine Bestellung aufgeben*, S. 50

Schreiben fördert die tiefere Verarbeitung und Abspeicherung sprachlicher Mittel. Achten Sie darauf, dass die KT den gesamten Dialog verschriftlichen. Geben Sie ihnen Zeit, den Dialog zunächst allein und dann in PA mehrfach zu lesen. Stärkere KT können sich sukzessive vom Blatt lösen und frei präsentieren. Präsentation auf zwei bis drei Dialoge beschränken. Eine weitere Übungsmöglichkeit findet sich auf KV 1 (Einheit 4).

5 Essen als Klangerlebnis

1 Musik mit Gemüse

Detailliertes LV, Wdh.: Kurzkommentare (1.3), landeskundliche Information: Gemüseorchester

Erhöhen Sie die Redeanteile der KT, indem Sie in KG kommentieren lassen.

Vorbereitung der KT auf den Testteil „Mündlicher Ausdruck" des Goethe-Zertifikats B2 über folgenden Arbeitsauftrag: *Lesen Sie den Text. Halten Sie einen kleinen Vortrag und präsentieren Sie Ihrem Gesprächspartner Thema und Inhalt des Artikels. Nehmen Sie kurz Stellung: 1. Welche Aussage enthält der Text? 2. Welche Beispiele fallen Ihnen dazu ein? Welche Meinung haben Sie zu diesem Thema?*

2 Gemüseinstrumente a) und b)

a) Zusammengesetzte Nomen verstehen
b) Hörbeispiele genießen und den Instrumenten zuordnen

a) Bringen Sie Wörterbücher mit.

3 Ein Gemüseinstrument bauen

Detailliertes LV, lockere Atmosphäre schaffen, Projektmöglichkeit

Bilder über OHP präsentieren und von den KT ordnen lassen. Überprüfung erfolgt mit Hilfe des Textes. Bei Interesse können Sie ein Gemüseprojekt starten und die Instrumente nachbauen. Im Internet finden sich einige schöne Video- und Hörbeispiele, vgl. www.gemueseorchester.org.

4 Klangerlebnis oder

Gemüsemusik hören und genießen, sich eine Meinung bilden

Assoziogramm auf A1- oder A2-Plakaten festhalten und im Kursraum ausstellen.

KT können (ggf. von Ihnen formulierte) Thesen zur Musik ablehnend bzw. zustimmend kommentieren (z. B. Sie: *Die Musik war eher ermüdend.* KT: *Da gebe ich Ihnen Recht.*), dabei rezeptive Wdh. des Partizip I .

Station 1: Training für den Beruf

Der Einstieg in die Station 1 erfolgt über das Thema „Körpersprache“, welches in Station 2 erneut aufgegriffen und erweitert wird. Die KT erhalten die Möglichkeit körpersprachliche Signale zunächst erst einmal wahrzunehmen, über diese zu reflektieren, um dann ihr eigenes (körper-)sprachliches Handeln zu trainieren. Im Anschluss daran werden effiziente Kommunikationsstrategien für den Arbeitsplatz vorgestellt. Diese können im Rahmen des sich anschließenden Rollenspiels erprobt werden. Hierbei geht es um die Schulung der KT im Umgang mit potenziell kritischen Situationen am Arbeitsplatz. Die Sequenz schließt mit der nicht nur für Jobeinsteiger wichtigen Frage nach der Balance zwischen Arbeit und Freizeit ab

Textsorten

Zeitungsartikel *Zuerst denken …*, S. 54
Ratgeber *Frag dich: …*, S. 55

Wortfelder/Sprachhandlungen/Routinen

über Körpersprache sprechen, S. 54
Redemittel zum effektiven Kommunizieren am Arbeitsplatz, S. 54 f.
die eigene Position vertreten, S. 55
über Arbeit und Arbeitsphilosophie sprechen, S. 55

Phonetik

Melodieverlauf am Satzende markieren und üben, S. 55
Satzakzent hören und üben, S. 55
Sprechpausen markieren und üben, S. 55

Kompetenzfelder

Körpersprache wahrnehmen und hinterfragen, S. 54
sprechen und auf die eigene Körperhaltung achten, S. 54
Kommunikationsstrategien für den Arbeitsplatz kennen lernen, S. 54
eine Rolle erarbeiten / sich in eine Person hineinversetzen, S. 55

1 Training für den Beruf

1 Körpersprache wahrnehmen

a) b) ➤ ➤ c) oder

a) Körpersprache wahrnehmen und interpretieren, über Körpersprache diskutieren
b) Detailliertes HV, Zuordnung von Foto und Redemittel
c) Sprechtraining in Verbindung mit Schulung der eigenen Körperhaltung

a) Körpersprache ist kulturell und individuell stark geprägt. Weisen Sie die KT auf deren Bedeutung hin, indem Sie bspw. den KT bekannte Körperhaltungen vormachen (ggf. hängende Schultern, vor dem Körper verschränkte Arme etc.) und deren Eindruck hinterfragen.
c) Lassen Sie die KT in PA oder KG arbeiten, da man sich im PL schnell „vorgeführt“ fühlen könnte.

Präsentieren Sie bei geschlossenen Büchern die Fotos und fordern Sie die KT auf, die Sätze zu ergänzen:

Die Körperhaltung sagt mir, dass …
So wie die Frau dasteht, ist/möchte/hat sie …
Sie sagt wahrscheinlich gerade: „…“
In meinem Land ist diese Körperhaltung …

2 Erfolgreiche Kommunikationsstrategien im Beruf

a) und b)

a) Detailliertes LV, Textpassagen den Strategien zuordnen
b) Redemittel sammeln und systematisieren

a) Stellen Sie sicher, dass die KT alle Strategien verstanden haben.

Starke KT bilden noch vor dem Lesen Redemittel zu den vier Strategien. Schwächere KT übertragen die Redemittel geordnet nach den Strategien in ihr Heft und lesen diese mehrfach leise, später laut für sich vor.

Diskutieren Sie abschließend, inwieweit diese Strategien „typisch deutsch" oder universell sind und regen Sie zum interkulturellen Vergleich an. Fragen Sie: *Funktionieren diese Strategien auch in Ihrem Land? Was sollte man anders machen? Was kann man übernehmen? Was sollte man in Ihrem Land am Arbeitsplatz vermeiden?*

3 Die eigene Position vertreten

a) oder b)

a) Schriftliche Ausarbeitung eines Dialogs, etwas aushandeln, die eigene Position vertreten, Argumente sammeln
b) Szenisches Darstellen, freies Sprechen üben

a) Die Rolle sollte zunächst in E oder gemeinsam mit anderen, die ebenfalls diese Rollenkarte gewählt haben, erarbeitet werden. Die KT finden Argumente für ihre Position und notieren diese stichpunktartig. Im Anschluss daran erfolgt die Arbeit in PA. Die Stichpunkte werden zu Sätzen verschriftlicht. Weisen Sie die KT darauf hin, dass es eine reale Situation sein könnte. Daher im Dialog Höflichkeit und Zurückhaltung wahren. Im nächsten Schritt üben die KT in E leise lesend die jeweilige Rolle, anschließend in PA. Ziel ist es, sich immer stärker vom Blatt zu lösen und frei zu sprechen.
b) Zwingen Sie niemanden zur Präsentation. Sie können ggf. mehrere Paare in Großgruppe präsentieren und nur die besten erneut im PL auftreten lassen.

4 Work-Life-Balance

a) b) c) d)

Sprechpausen und Intonationsmuster inhaltsbezogen anwenden, über das Gleichgewicht Arbeit – Freizeit sprechen

a) dient der Sensibilisierung und Kognitivierung von Melodieverläufen und Sprechpausen. Die Markierungen im Text sind Vorbereitung für das laute Lesen in b).
b) Mit Hilfe der Markierungen wird der Text zum Vorlesen strukturiert. Gleichzeitig dient dies der Sinnerfassung – eine Sprechpause z. B. folgt nach einer wichtigen Aussage. So können inhaltliche Akzente gesetzt und das Zuhören/Verstehen unterstützt werden. Lassen Sie den Text erst in PA, dann abschnittsweise im PL vorlesen. Intonationsmuster und Sprechpausen sollten auch im freien Sprechen in den Abschnitten c) und d) beachtet werden.
c) Klären Sie im PL, was unter dem Begriff „Work-Life-Balance" zu verstehen ist. Sammeln Sie gemeinsam Umschreibungen oder Übersetzungen, z. B. „Gleichgewicht von Arbeit und Freizeit".
d) Falls die KT (noch) keinem Beruf nachgehen, formulieren Sie die Frage hypothetisch: *Wie wünschen Sie sich Ihre Work-Life-Balance?* Sammeln Sie die Ergebnisse an der Tafel.

Natur pur 5

In der Einheit 5 beschäftigen sich die KT mit dem Thema „Natur". Als Einstieg dienen Fotos, Texte und ein Lied über den deutschen Wald, der nicht nur in Märchen und Mythen eine besondere Rolle spielt, sondern auch heute noch vielfältige Funktionen übernimmt. Am Beispiel des Nationalparks Bayerischer Wald wird eine Region vorgestellt und die Bedeutung und Funktion von Nationalparks im Allgemeinen dargestellt. Im Rahmen eines Interviews mit einem Nationalpark-Ranger lernen die KT dessen Aufgabenbereiche und Berufsinhalte kennen. Hierbei werden Gesprächsroutinen intensiv geübt. Des Weiteren setzen sich die KT mit der Bestimmung von Satzgliedern und ihren Verschiebemöglichkeiten im Satz auseinander. Dabei ist die Bestimmung von Satzgliedkernen hilfreich. Im Anschluss daran wird sich mit dem Thema „Naturschutz" am Beispiel der Renaturierung von Wölfen in Mitteleuropa beschäftigt. Die Einheit schließt mit einem Porträt von Heinz Sielmann, einem bekannten Verhaltensforscher und Tierfilmer, ab.

Textsorten

Lied *Waldlied*, S. 62
Landkarte *Nationalpark Bayerischer Wald*, S. 64
Informations- und Werbebroschüre *Willkommen im ...* , S. 64 f.
Interview *Tobias Heinemann*, S. 66
Internetartikel *Natur- und Landschaftspfleger/in*, S. 67
Kinoplakat *Heinz Sielmann „Lockende Wildnis"*, S. 70
Wikipedia-Eintrag *Porträt Heinz Sielmann*, S. 70

Wortfelder/Sprachhandlungen/Routinen

eigene Ideen/Gedanken zum Thema „Natur" ausdrücken, S. 63
einen Standort beschreiben, S. 64
über Urlaubsziele sprechen, S. 65
über Ausbildungsinhalte sprechen, S. 67

Grammatik

Satzglieder erkennen, S. 68
Umstellprobe, S. 68
Satzgliedkerne bestimmen, S. 68
Verben und Ergänzungen, S. 68

Phonetik

Hauptakzent in Gesprächsroutinen, S. 66

Kompetenzfelder

Vermutungen über Textinhalte äußern, S. 64
Hypothesen überprüfen, S. 64
einen Text mit Hilfe von Notizen zusammenfassen, S. 69
einen „Steckbrief" erarbeiten, S. 70

1 Im Wald

1 Waldimpressionen

Einstimmung, Vorwissen aktivieren, interkultureller Austausch

Regen Sie die KT an, die Zuordnung der Geräusche zu den Fotos zu begründen. Lassen Sie dazu die Fotos (ggf. in KG) beschreiben. Fragen Sie: *Was sehen Sie auf dem Foto? Kennen Sie eine solche Szene?* Weisen Sie die KT nebenbei auf die untere Bildleiste mit dem Blätterwerk hin und fragen Sie nach, ob die benannten Bäume bekannt sind. Natürlich können Sie auch Blätter in den Unterricht mitbringen *(mit allen Sinnen lernen*)*.

Nach der Zuordnung arbeitet je eine KG an einem Foto und sammelt Wortschatz auf einer Folie/einem Plakat (z. B. zu Foto a) *Sonnenstrahlen leuchten/schimmern, Blätter, Laubbäume, Tageslicht, Ruhe* etc.). Im Anschluss stellt jede Gruppe ihr Foto im PL vor.

2 Ein Diagramm zum Thema „Wald“ a) b) oder

a) Ich-Anbindung, sich mit dem Thema „Wald“ auseinandersetzen
b) Ideen/Gedanken zum Thema „Wald“ ausdrücken, interkultureller Austausch

a) Die KT können das Diagramm um eigene Kategorien erweitern.
b) Das Diagramm ermöglicht einen schnellen visuellen Eindruck und regt zum Austausch untereinander an. Lassen Sie die KT in PA oder KG vergleichen, um die Redeanteile zu erhöhen. Achten Sie dabei auf die Zusammensetzung der Gruppen, d. h. je unterschiedlicher die „Wald-Kultur“ der KT, desto stärker findet wahrscheinlich ein Austausch statt.

Weisen Sie die KT darauf hin, dass mit dem Diagramm potenzielle Ergänzungen für die Redemittel bereits erarbeitet worden sind (z. B. *Der Wald bedeutet für mich Ruhe.*). Schwächere KT arbeiten an den Redemitteln, indem sie diese zunächst schriftlich mit Hilfe des Diagramms ergänzen, dann mehrfach leise und im Anschluss daran laut vorlesen. Erst danach erfolgt das freie Sprechen in KG.

3 Wörter zum Thema „Wald“ in Lied- und Sachtext a) ➢ b)

a) Landeskunde: ein dt. Waldlied kennen lernen, detailliertes HV und LV, Wortschatzarbeit
b) Detailliertes LV, Wortschatzarbeit

Wörterbücher mitbringen

a) Lassen Sie die KT das Lied zunächst mit geschlossenen Büchern hören und die Stimmung des Liedes beschreiben. Geben Sie dafür schwächeren KT Kategorien zur Beschreibung vor:

Atmosphäre:	fröhlich, heiter, positiv, ...	oder	traurig, dunkel, negativ, schwer, ...
Melodie:	schnell – langsam; melodisch – unmelodisch; ...		
Stimmen:	sympathisch, klangvoll, kräftig, ...	oder	schief, matt, schwach, ...

Stellen Sie noch keine inhaltlichen Fragen, da der Liedtext vielfältigen komplexen Wortschatz enthält (u. a. *Blümlein, Matten, nicken, Morgenglanz, Hirsch und Rehe springen, Zweig und Reise, lieblich schallen*). Beim zweiten Hören lesen die KT im Buch mit, markieren unbekannten Wortschatz und erarbeiten sich diesen mit Hilfe von Wörterbüchern oder anderen Quellen.
b) Weisen Sie die KT darauf hin, dass sie nicht wahllos Wörter sammeln, sondern diese in eine Ordnung bringen.

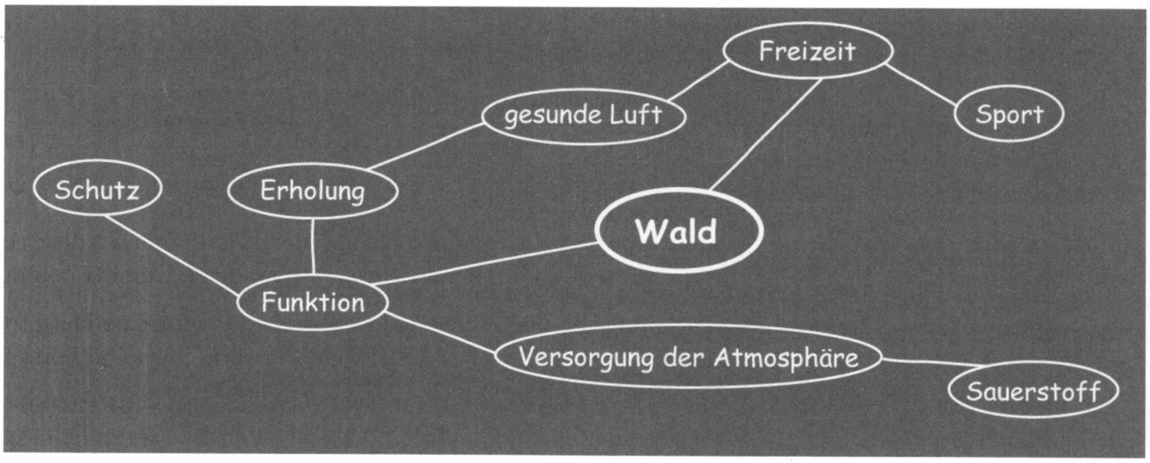

2 Natur schützen – die Nationalparkidee

1 Nationalparks weltweit

a) b) ➢ ➢

a) Vorwissen aktivieren und Austausch fördern, Hypothesen bilden
b) Detailliertes LV, Hypothesen überprüfen

a) Bücher in dieser Phase geschlossen halten und die Fragen an der Tafel notieren. Die KT sollten sich mündlich in der KG austauschen, ihre Diskussionsergebnisse jedoch schriftlich fixieren, um sie im Anschluss besser vergleichen zu können.

Stellen Sie bei a) zusätzlich zur Diskussion: *Schätzen Sie, wie viele Nationalparks es in Deutschland und weltweit gibt.* Halten Sie die Ideen an der Tafel fest. Nutzen Sie auch die KV1 (Einheit 5).

Sie können Nationalparks im Internet recherchieren und in der Karte im Buch (erste Seite Umschlag) eintragen lassen. Die KG können Informationen zu einem ausgesuchten Park sammeln und im Rahmen einer Präsentation vorstellen. Informationen zu den 14 Nationalparks finden Sie unter: *http://www.nationalparktor.de/nationalparkeifel/nationalparksindeutschland/nationalparksindeutschland.html*

2 Im Nationalpark Bayerischer Wald

a) b) und c) ➢ d) und e) ➢ ➢

a) Wdh. Richtungsangaben, Orientierung im Raum
b) Hypothese zum Motto des Parks bilden
c) Selektives LV, Hypothese überprüfen
d) Landeskunde: Hintergrundinformationen zum Bayerischen Wald erarbeiten, detailliertes LV, Bild-Textabschnittszuordnung
e) Notizen machen, über einen Text mit Hilfe von Notizen berichten

a) Erhöhen Sie die Redeanteile der KT durch PA. Achten Sie darauf, dass die KT so konkret wie möglich die Lage beschreiben. Stellen Sie sicher, dass Formulierungen wie *südlich/südwestlich/nördlich/nordöstlich/... von ...* oder *... ist/liegt im Osten/Westen/...* verwendet werden.
b) Lassen Sie die KT ggf. die Idee schriftlich fixieren, um dann eine bessere Vergleichsbasis zu haben.
c) Weisen Sie die KT darauf hin, nur diesen Abschnitt zu lesen. Geben Sie ggf. einen Zeitrahmen von max. 2 Minuten vor. Lassen Sie die KT die Passage unterstreichen, die das Motto aufgreift und erläutert. Führen Sie den KT vor Augen, dass man nicht notwendigerweise den gesamten Text zur Beantwortung der Frage lesen muss. Sie fördern dadurch den kompetenteren Umgang mit unterschiedlichen *Lesestilen*.*
d) Fordern Sie die KT auf, die Zuordnung von Textabschnitt und Plakatfoto zu begründen.

3 „Warum sollte ich bei Ihnen Urlaub machen?“

a) ➢ b) ➢ c)

a) Globales HV
b) Selektives HV
c) Zusammenführung der HV-Inhalte mit dem Werbeplakat zum Wald, Verstehenskontrolle

a) Weisen Sie die KT darauf hin, dass hier nur global verstanden werden muss, um die Fotos zuzuordnen. Lassen Sie die KT ggf. zunächst Hypothesen zu den Personen und deren Aussagen bilden. Fragen Sie: *Welche Gründe werden die Personen für einen Besuch im Bayerischen Wald vermutlich angeben? Welche konkreten Hinweise finden Sie in den Fotos?*
b) Lassen Sie nach jedem Interview Zeit zum Notieren der Angebote. Die KT sollten Möglichkeiten zum Austausch und Vergleich haben, bevor im PL ausgewertet wird.

4 Urlaub im Nationalpark?

Den eigenen Standpunkt vertreten

Erhöhen Sie die Redeanteile der KT, indem sie in KG diskutieren. Legen Sie einen „Gesprächsleiter“ in jeder KG fest, der die Ergebnisse im PL zusammenfassend wiedergibt.

Anstatt eines einfachen Austausches könnte ebenso in „Meinungsecken“ (vgl. Station 2, Aufgabe 4, S. 105) gearbeitet werden.

Arbeitsauftrag: Planen Sie in PA oder KG eine Urlaubswoche im Bayerischen Wald. Legen Sie den konkreten Urlaubsort, die Unterkunft, Tagesreisen und Ausflugsziele für eine bestimmte Reisegruppe fest. Fordern Sie Ihre KT auf, zu den folgenden Punkten Angaben zu machen: *Für wen? Wann? Wo? Was? Warum?* Die Präsentation der Ergebnisse kann über Plakate, Powerpoint, Folien, Landkarten etc. erfolgen.

3 Tobias Heinemann, Nationalpark-Ranger

1 Arbeiten im Nationalpark

Einstimmung, Vorwissen aktivieren, Vorarbeit für das HV der Aufgabe 2

Bringen Sie weitere Fotos mit und lassen Sie die KT diskutieren, was zu den Aufgaben eines Rangers gehört und was eher nicht. Eine Aufgabe zum Unterschied zwischen dem Berufsbild Förster und Naturpark-Ranger findet sich im Übungsbuch Ü7 (S. 155).

2 Interview mit Tobias Heinemann (42)

Selektives HV, Aufgaben eines Nationalpark-Rangers kennen lernen

Die KT setzen sich zunächst im PL mit den Aufgabenfeldern eines Rangers auseinander. Stellen Sie vor dem Hören sicher, dass die Aussagen vollständig verstanden worden sind.

3 Gesprächsroutinen

a) b) c)

a) Selektives HV, *noticing*/awareness**
b) Funktion von Gesprächsroutinen verstehen
c) Erneute Bewusstmachung von Gesprächsroutinen

a) Die KT lesen die Gesprächsroutinen, ggf. lesen Sie mehrfach laut vor. Spielen Sie das Interview, wenn nötig, ein weiteres Mal ab.
b) Initiieren Sie eine Diskussion, indem Sie Vergleichsmöglichkeiten in der Muttersprache oder einer weiteren Fremdsprache suchen lassen. Fragen Sie: *Lassen sich diese Formulierungen in Ihre Sprache übersetzen? Welche Ausdrücke verwendet man bei Ihnen?*

4 Hauptakzent in Gesprächsroutinen

Gesprächsroutinen anwenden

a) und b) Gesprächsroutinen werden von Muttersprachlern eher beiläufig in ein Gespräch eingebaut, um die Flüssigkeit zu erhöhen. Daher ist es wichtig, dass sie ohne Mühe und nicht Wort für Wort gesprochen werden. Mit Hilfe des Satzakzents soll verdeutlicht werden, die Routinen als Ganzes „wie ein Wort“ zu sprechen.

c) Machen Sie einen Wettbewerb: Wer schafft es, möglichst viele Routinen möglichst schnell ohne Versprecher nacheinander zu sprechen?

d) Stärkere KT können die Gesprächsroutinen in einen Dialog einbauen. Geben Sie Hilfestellung.

5 Fragen und Antworten

Automatisierung, Einschleifen der Strukturen durch Wdh.

Achten Sie auf Geschwindigkeit und Flüssigkeit, d. h. schnell und ohne Pausen, beim Sprechen der Gesprächsroutinen. Fordern Sie die KT auf, die Strukturen auswendig zu lernen. Gehen Sie nach der Automatisierungsphase ggf. auf die Semantik der Strukturen ein.

sagen wir mal so	= etwas relativieren oder anders formulieren	Funktion: flüssig sprechen Pausen vermeiden
also, ehrlich gesagt	= eine ggf. unbequeme Wahrheit sagen	
das kann man so sagen	= jmdm. (einschränkend) zustimmen	
wie ich schon sagte, ...	= sich auf etwas, was man bereits gesagt hat, beziehen	

Schwächere KT lesen die Sätze zunächst langsam und leise. Im nächsten Schritt wird in E laut gelesen. Erst dann erfolgt der Wechsel mit einem/r Lesepartner/in.

6 Mit Routinen Zeit gewinnen

oder

Transfer in andere Themenbereiche, Wdh. der Strukturen, Anwendung

Fordern Sie die KT auf, sich auf einige wenige Strukturen zu beschränken. Ebenso eignen sich: *Meiner Meinung nach .../Ja, warten Sie mal ...* und *Also, ehrlich gesagt, ...*

7 Berufsbild Park-Ranger

a) Den Beruf Natur- und Landschaftspfleger kennen lernen, Texte über Stichwörter knacken
b) Rückbezug zum Interview mit Tobias Heinemann

b) Fassen Sie im Vorfeld ggf. nochmals die Interviewaussagen von Tobias Heinemann zusammen, um den Vergleich zu erleichtern.

a) Es dürfen nur Stichwörter notiert werden. Schwächere KT unterstreichen, wenn nötig, Wortgruppen. Im PL diskutieren Sie, welche Bestandteile der Wortgruppe wichtig, welche unwichtig sind.

Schulen Sie die Textsortenkompetenz der KT. Stellen Sie die folgenden Fragen, die in KG beantwortet werden:

> Was ist das für ein Text? Woran erkennen Sie das?
> Wo findet man für gewöhnlich solche Texte?
> Was sehen Sie auf dem Bild?
> In welchem Abschnitt der Homepage befinden Sie sich gerade? Welche weiteren Abschnitte gibt es?
> Wer liest solche Texte? Warum?

8 Als Ranger arbeiten

Einen *Ich-Text** für das Lerner-Portfolio anfertigen, gelenkt-variierendes Schreiben

Die Gliederung des Textes ergibt sich über die Abfolge der Textbausteine. Weisen Sie die KT auf diese innere Ordnung hin. Die KT müssen einen passenden Abschlusssatz formulieren. Geben Sie Hilfestellung, indem Sie Formulierungen wie *Zusammenfassend/Abschließend lässt sich sagen/muss ich sagen, dass ...* anbieten.

Hinweis: Fertigen Sie eine Kopie des Textes vor der Korrektur an, um diesen zu einem späteren Zeitpunkt im Rahmen einer *Schreibwerkstatt** nutzen zu können.

9 Satzglieder erkennen

a) und b) c) und d)

a) Satzglieder – mit Bewegung – erkennen
b) Satzglieder im Satz bewegen, über Verschieberegeln reflektieren
c) Satzglieder in anderen Sätzen erkennen
d) Satzgliedkerne bestimmen

Schreiben Sie die Wortbestandteile der Satzglieder auf farbiges Papier. Wählen Sie für ein Satzglied immer eine Farbe aus. Sie behalten in der Erarbeitungsphase den Überblick und die KT verstehen die Zusammengehörigkeit von Wörtern. Halten Sie die Verben auf rotem Papier fest, da diese nicht im Satz bewegt werden können und die Signalfarbe daran erinnert.

a) Weisen Sie die KT noch nicht auf das Ordnungsprinzip der Farben hin, sondern lassen Sie es selbst entdecken. Halten Sie sich im Hintergrund und geben Sie den KT Zeit und Raum für die Organisation dieser Aufgabe.
b) Fordern Sie eine Gruppe von KT (= ein Satzglied) auf, die Position im Satz zu wechseln. Halten Sie sich erneut im Hintergrund. Es sollte klar werden, dass nicht einzelne Wörter im Satz wandern, sondern Satzglieder, die aus einem, aber auch mehreren Wörtern bestehen können. Machen Sie außerdem klar, dass im deutschen Satz nur Satzglieder wandern können – nicht die Verben – und diese eine grammatische Funktion ausüben.
c) Um schwächere KT nicht zu verunsichern, bestimmen Sie noch nicht die grammatische Funktion des Satzgliedes, sondern beschränken Sie sich auf die Bezeichnung wie im Beispiel. Stärkere KT, für die diese Übung eine Wdh. darstellt, bestimmen die Funktion.
d) Die Bestimmung dessen, was zum Satzglied gehört und was nicht, fällt den KT erfahrungsgemäß nicht leicht. Hilfreich erscheint daher die Bestimmung eines sogenannten Satzgliedkerns und dessen Gliedteile, d. h. Wörter und Wortgruppen, die im Inneren eines Satzgliedes neben dem Kern auftreten.
Beginnen Sie mit einem einfachen Beispiel:

Das alte Auto ist wenig umweltfreundlich.

Satzglied:	das alte Auto
Kern:	das Auto
Gliedteil:	alte

Wichtig: Gliedteile können ebenso Kerne enthalten! Verdeutlichen Sie dies wie folgt:

das 15 Jahre alte Auto meiner Mutter

An diesem Beispiel zeigt sich die Beziehung der Wörter untereinander. Nutzen Sie für weitere Übungen die KV 2 (Einheit 5) oder Ü10 im Übungsbuch (S. 156).

10 Position der Ergänzungen im Satz

Position der Ergänzungen im Satz analysieren und eine Regel formulieren

Die Stellung der Ergänzungen ist eigentlich bekannt, wird im Rahmen der Aufgabe jedoch nochmals explizit thematisiert. Die KT haben oft auch in der Mittelstufe Probleme mit der Wort- und Satzgliedstellung, sodass eine Wdh. in regelmäßigen Abständen sinnvoll ist.

4 Naturprojekt „Wolf“

1 Der Wolfsaktionsplan

a) > b) > > c) > d) oder

a) Textabschnitte zusammenfassen
b) Strategie „Texte knacken“: Signalwörter markieren
c) Notizen machen, dem Text Informationen entnehmen
d) Einen Text auf Grundlage von Notizen zusammenfassen

a) Sammeln Sie vor dem Lesen Hypothesen mit Hilfe der Textüberschriften. Fragen Sie zu 1: *Wer erforscht das Leben der Wölfe? Warum?;* zu 2: *Was könnte ein Ruheraum sein?;* zu 3: *Wessen Überleben wird gesichert?;* zu 4: *Wo und wie lange?*
b) Weisen Sie die KT darauf hin, nur Wörter und kurze Wortgruppen zu markieren.
d) Lassen Sie die Texte nicht als Hausaufgabe anfertigen, sondern begleiten Sie den Schreibprozess.

Präsentieren Sie bei geschlossenen Büchern das Logo des NABU und lassen Sie die KT vermuten, wofür die Abkürzung steht. Schwächere KT können auswählen zwischen:

- ☐ Natur braucht uns e.V.
- ☐ Naturschutzbund Deutschland e.V.
- ☐ Nahrungsmittelaufsicht des Bundes

5 Heinz Sielmann – ein Leben für die Natur

1 Informationen für ein Kurzporträt aus unterschiedlichen Quellen sammeln

a) b) > > c) >
d) > >

a) Vermutungen äußern, Plakat interpretieren
b) Mit einem Wikipedia-Eintrag arbeiten, Training des Umgangs mit Online-Nachschlagequellen, detailliertes LV
c) Einen Steckbrief auf Grundlage eines Artikels systematisch ergänzen
d) Detailliertes HV, Schreibtraining: Kurzporträt

a) Achten Sie darauf, dass sich die KT kurz fassen. Keine Sätze schreiben! Schränken Sie die Bearbeitungszeit auf 2 bis 4 Minuten ein.
b) Vor dem Lesen: Weisen Sie die KT darauf hin, dass sie den Text nicht vollständig lesen müssen, um den Steckbrief auszufüllen und mit den eigenen Vermutungen zu vergleichen. Lassen Sie die Stelle im Wiki-Eintrag markieren, ab der nicht mehr weitergelesen werden muss, um den Steckbrief auszufüllen. (Der Absatz „Leben und Wirken“ muss nicht bearbeitet werden.)
d) Spielen Sie den Radiobeitrag ggf. mehrfach ab und nutzen Sie bei schwächeren KT Auszüge des Transkripts (S. 216 f).

2 Projekt

oder oder

Eine berühmte Persönlichkeit vorstellen, die sich intensiv mit Natur beschäftigt hat

Die Präsentationsform sollte frei wählbar sein: Vortrag, Plakat, Magazin etc. Geben Sie von Anfang an konkrete Zeitvorgaben für die Recherche, die Ausarbeitung und die Präsentation. Schwächere KT benötigen ggf. eine Vorgabe und Literatur/Links für die Recherche!

6 Viel Arbeit

In der Einheit 6 hinterfragen die KT ihr persönliches Bild von Arbeit und setzen sich mit der Arbeitsauffassung anderer auseinander. Die zweite Sequenz thematisiert Wege und Möglichkeiten der Arbeitssuche und stellt einen neuen Trend – die Online-Bewerbung – vor. Die KT erhalten die Möglichkeit, sich mit dieser speziellen Form der Bewerbung vertraut zu machen und arbeiten deren Vor- und Nachteile heraus. Ebenso wird ein wichtiger Aspekt von Sprache am Beispiel der Nomen-Verb-Verbindungen thematisiert: Wörter treten häufig in Paaren auf bzw. pflegen enge Beziehungen mit spezifischen anderen Wörtern. Im Anschluss daran erhalten die KT Hinweise, worauf Arbeitgeber im Bewerbungsschreiben und Lebenslauf achten und erarbeiten formelle Aspekte dieser beiden Textsorten. Abschließend werden berufsrelevante Kommunikationsregeln thematisiert.

Textsorten

Zeitungsartikel *Die Online-Bewerbung ...*, S. 74
Ratgeber *Checkliste – Online-Bewerbung*, S. 75
Lebenslauf *Diana Körner*, S. 76
Stellenanzeige *Marketing-Manager/in*, S. 78
Bewerbungsschreiben *Diana Körner*, S. 79

Wortfelder/Sprachhandlungen/Routinen

über Arbeit diskutieren, S. 72 f.
über Arbeitssuche und Bewerbung sprechen, S. 74 f.
Fragen zum Lebenslauf stellen und beantworten, S. 77
einen tabellarischen Lebenslauf schreiben, S. 77
ein Bewerbungsschreiben verfassen, S. 78 f.

Grammatik

Nomen-Verb-Verbindungen, S. 75

Phonetik

Hauptakzent bei Komposita, S. 77

Kompetenzfelder

Schlüsselwörter markieren, S. 74
Zentrale Begriffe in einem Kommentar suchen, S. 76
Textfassungen vergleichen, S. 79

Testformat

Prüfungsvorbereitung telc Deutsch B2: Leseverstehen, S. 74

1 Nicht nur Arbeit

1 Unser Bild von Arbeit

a) KG oder Plenum b) und c) PA ➢ Plenum

a) Bildbeschreibung und -analyse, über Arbeit sprechen, den Begriff „Arbeit" definieren, die eigene Position vertreten
b) Detailliertes LV, Zuordnung von Text und Foto, andere Perspektiven von „Arbeit" kennen lernen
c) Zentrale Begriffe aus einem Text filtern

a) Regen Sie die Diskussion an, indem Sie Fragen/Kommentare in den Raum stellen, z. B. *Was ist eigentlich Arbeit? Ist Gartenarbeit Arbeit? Hausfrau und Mutter sein, Künstler sein, Modeln – das ist doch nun wirklich keine Arbeit! Das macht doch vor allem Spaß.* Um die Redeanteile der KT zu erhöhen, könnte ein erster Austausch in KG stattfinden.
b) Fördern Sie die Bildung von Hypothesen, indem Sie den KT nur den ersten Satz der vier Texte präsentieren und zur Bildzuordnung auffordern. Weisen Sie die KT darauf hin, dass für die Lösung einer Aufgabe nicht immer alles gelesen werden muss. Lassen Sie die KT in PA die Texte aufteilen und gemeinsam erarbeiten. Jede/r liest zwei Texte und präsentiert im Anschluss daran den Inhalt. Sie erhöhen so die Redeanteile der KT und kürzen die Lesezeiten ab.
c) Die KT suchen zu ihren beiden Texten die jeweiligen zentralen Begriffe und präsentieren sich gegenseitig die Ergebnisse.

2 Was verbinden Sie mit dem Wort „Arbeit“? ggf.

Das eigene Bild von Arbeit hinterfragen und sich mit anderen darüber austauschen

Weisen Sie die KT darauf hin, sich auf vier Wörter zu beschränken.

Schwächere KT beschränken sich auf die Formulierungen wie in den Sprechblasen, stärkere KT sollten sich austauschen, indem Sie ihre Haltung erklären und kommentieren.

Fordern Sie die KT auf, vier Begriffe aufzuschreiben, die ihnen sofort beim Thema „Arbeit“ in den Sinn kommen. Die Ideen und Rückmeldungen sollten an der Tafel festgehalten werden. Die Wörter aus der Aufgabe können dann im Anschluss vergleichend hinzugezogen werden.

3 Über Arbeit diskutieren

Einstellungen aus einem Text entnehmen, über das Bild von Arbeit diskutieren

Arbeiten Sie in Vierergruppen. Jeder kann den Standpunkt einer Person (Aufgabe 1.1b), Texte 1–4) erarbeiten und in KG präsentieren. Fordern Sie die KG auf, die von der Person vertretene Auffassung zu kommentieren.

4 Und was machen Sie?

Über die eigene Arbeitssituation und Arbeitsphilosophie sprechen

Erhöhen Sie die Redeanteile der KT durch PA. Insofern die KT keinerlei Arbeitserfahrungen haben, könnte die ideale Arbeitssituation sowie Wünsche und Vorstellungen an eine zukünftige Arbeit thematisiert werden.

Schwächere KT verschriftlichen die Aussagen und präsentieren diese in PA oder KG. Die Redemittel lassen sich zur Gestaltung eines *Ich-Textes** hinzuziehen.

2 Der Weg zum Job

1 Eine Arbeitsstelle finden

Sich über Möglichkeiten der Jobsuche austauschen, ggf. interkultureller Vergleich

Fordern Sie die KT auf, ihre Ideen schriftlich an der Tafel festzuhalten. Vermeiden Sie, einzelne KT nach vorn zu bitten. Fordern Sie alle KT zur gleichzeitigen Mitarbeit an der Tafel auf.
Ggf. gibt es in heterogenen Gruppen Unterschiede bei der Arbeitssuche. Thematisieren Sie dies über konkrete Nachfragen in der sich anschließenden Auswertungsphase, z. B. *Ist es in Ihrem Land üblich, sich über das Internet zu bewerben? Gibt es eine Institution, die Arbeitsplätze vermittelt?*
Fragen Sie ggf. auch nach der Höhe der Arbeitslosenquote, nach guten Regionen, um eine Arbeitstelle zu finden etc. Dies fördert in heterogenen Kursen den interkulturellen Vergleich.

2 Bewerbung per E-Mail a) b) c) d)

a) Detailliertes LV (Prüfungsvorbereitung telc Deutsch B2), die Online-Bewerbungsstandards kennen lernen
b) Detailliertes LV (Prüfungsvorbereitung telc Deutsch B2)
c) Selektives LV, Notizen machen, die Vorteile der Online-Bewerbung herausarbeiten
d) Erfahrungsaustausch, Sprechen zur Sache

a) Weisen Sie die KT darauf hin, dass nur Wörter und Wortgruppen unterstrichen werden dürfen. Wenn längere Passagen markiert werden, arbeiten Sie gemeinsam im PL oder KG die wichtigsten Wörter heraus (hier auch dem Prinzip „Lerner helfen Lernern" folgen). Vorbereitung auf die Schriftliche Prüfung telc Deutsch B2: Leseverstehen.
b) Vorbereitung auf die Schriftliche Prüfung telc Deutsch B2: Leseverstehen. Lassen Sie nach dem Ankreuzen der richtigen Aussagen die falschen Aussagen korrigieren.
c) Erhöhen Sie die Redeanteile der KT, indem in E entweder die Vorteile der Arbeitgeber (Textabschnitt 1) oder der Jobsuchenden (Textabschnitt 2) gesammelt und diese Teilergebnisse in PA ausgetauscht werden.
d) Wenn keinerlei Erfahrungen mit dieser Bewerbungsform bestehen, fragen Sie nach, inwiefern sich die KT vorstellen könnten, sich auf diesem Weg zu bewerben. Fordern Sie sie auf, Stellung zu den Vor- und Nachteilen der Online-Bewerbung zu nehmen.

a) Vor dem Lesen sollten Sie die KT zur Hypothesenbildung anregen. Präsentieren Sie (ggf. über OHP) nur die Überschrift des Artikels und fordern Sie die KT auf, Ideen und Gedanken in KG zu sammeln. Die KT lesen anschließend den ersten Abschnitt des Artikels und vergleichen ihn mit den eigenen Notizen.

3 Checkliste Online-Bewerbung

Detailliertes LV und HV, Tipps für die (Online-)Bewerbung

Stellen Sie sicher, dass die Aussagen von Martin Weithofer verstanden worden sind (ggf. markieren die KT vorab unbekannten Wortschatz in den Aussagen) und lassen Sie das Interview mindestens zweimal hören.

Arbeiten Sie mit geschlossenen Büchern. Jeder KT in der Großgruppe erhält eine der Aussagen von Martin Weithofer, liest sich diese durch und beantwortet in E folgende Fragen:

Wie finde ich diesen Punkt (relevant - irrelevant - ...)?
Warum ist dieser Punkt wahrscheinlich (un-)wichtig?
Was könnte passieren, wenn ich mich nicht an diese Empfehlung halte?
Was wird Martin Weithofer vermutlich zu diesem Punkt sagen?

Im Anschluss stellt jeder seinen Punkt in der Großgruppe vor. Dies erhöht die Redeanteile der KT und bereitet auf die HV-Aufgabe vor, da bereits Hypothesen gebildet worden sind.

4 Wörter in Paaren. ...

a) und b) c) und d)

a) Sich über die Zusammengehörigkeit von Wörtern bewusst werden, Nomen-Verb-Verbindungen üben
b) Den Wortverbindungen synonymische Ausdrücke zuordnen
c) Aussagen mit Hilfe von synonymischen Ausdrücken umformulieren
d) Über die Verwendung von Nomen-Verb-Verbindungen nachdenken, zwei Textfassungen vergleichen

a) Weisen Sie die KT darauf hin, dass viele Wörter in enger Beziehung zu anderen Wörtern stehen und daher nicht isoliert gelernt werden sollten (vgl. dazu auch die Wortverbindungsseiten am Ende jeder Übungsbucheinheit). Zeigen Sie dies anhand der folgenden Beispiele, die die KT beenden:

1. Meine sehr geehrten Damen und ...
2. Guten ...
3. sich die Zähne ...
4. eine Arbeitsstelle ...

Machen Sie damit klar, dass es ggf. mehrere, manchmal jedoch auch nur eine Ergänzungsmöglichkeit gibt. Die Wortverbindungen sollten ganzheitlich gelernt werden. Die KT können die Nomen ergänzen, sollten jedoch auch mit dem Text kontrollieren.
d) Thematisieren Sie den Unterschied zwischen Mündlichkeit und Schriftlichkeit. Nomen-Verb-Verbindungen verleihen dem Text einen formaleren Charakter, die in Aufgabe 4b) präsentierten Strukturen gehören eher der Umgangsprache an und werden im Mündlichen verwendet.

3 Die Bewerbung – Werbung in eigener Sache

1 Lebenslauf und Bewerbungsschreiben ... a) b) d)

a) Detailliertes LV, sich mit Hinweisen zum Lebenslauf und dem Bewerbungsschreiben auseinandersetzen, Strategien zum „Texte knacken": Schlüsselwörter finden, Schlüsselwörtern Textpassagen zuordnen
b) Erfahrungsaustausch, Textinhalte mit dem eigenen Vorwissen vergleichen
c) Selektives LV, inhaltlicher Textabgleich, die Textsorte „Lebenslauf" kennen lernen

a) Weisen Sie die KT darauf hin, dass nur einzelne Wörter markiert werden dürfen. Dies stellt eine Vorarbeit für c) dar.
c) Thematisieren Sie die Textsorte „Lebenslauf". Fragen Sie nach dem Aufbau und der Anordnung der Inhalte. Erörtern Sie die Notwendigkeit eines – seriösen – Passbildes, der Unterschrift und eines übersichtlichen Layouts. Thematisieren Sie folgende Punkte:

Was gehört (nicht) in den Lebenslauf?
Welche Informationen kommen in welcher Reihenfolge?
Wie finden Sie das Layout? (Schriftstil, -größe, Gliederungsprinzip)

Ziehen Sie ggf. Ü14 aus dem Übungsbuchteil (S. 169) hinzu und thematisieren Sie am Beispiel textsortenbezogene Fehler (private Urlaubsfotos, falsche Abfolge der Kategorien etc.).

a) Stärkere KT lesen zunächst nur die Seite „Arbeitgeber prüfen". Für Punkt 1 (*Ist die Bewerbung fehlerfrei, sinnvoll gegliedert, übersichtlich?*) geben Sie den Expertenrat (b *Bevor Sie die Bewerbung verschicken: ...*) als Beispiel an. Anschließend erarbeiten die KT in KG potenzielle Expertenratschläge zu den einzelnen Fragen und vergleichen dies hier mit den Vorgaben im Buch.

2 Mein Lebenslauf a) und b)

a) Einen tabellarischen Lebenslauf anfertigen, den Lebenslauf eines anderen KT korrigieren
b) Sich gegenseitig zum Lebenslauf befragen, Fragen formulieren und beantworten

a) Achten Sie auf die formelle Seite der Textsorte „Lebenslauf". Insofern Sie nicht unter Aufgabe 1c) den formalen Aufbau besprochen haben, sollten Sie dies hier in der Planungsphase des Lebenslaufes nachholen.

3 Hauptakzent bei Komposita a) b) c) d)

Komposita erkennen und den Hauptakzent bestimmen

Die KT sollen durch das Markieren des jeweiligen Bestimmungswortes und dessen Wortakzents erkennen, wie Komposita inhaltlich und sprecherisch zu knacken sind: In den meisten Komposita wird der Hauptakzent durch das links stehende Bestimmungswort bestimmt.
b) Sie können die Wörter zuerst gemeinsam im Chor sprechen lassen (ggf. spricht ein KT vor). Den Hauptakzent gestisch unterstreichen. Im Anschluss die Wörter in PA üben lassen. Erweiterung: Lassen Sie die Wörter aus a) in der Einheit suchen und im Kontext sprechen/vorlesen.

Stärkere KT können weitere Wörter aus der Einheit suchen und den Hauptakzent markieren, z. B. Ge'fahrensport.

4 Stellenanforderungen und Bewerbungsschreiben

1 Die Stellenanzeige …

a) und b)

a) Selektives LV, eine Stellenanzeige mit Hilfe von W-Fragen verstehen, Notizen machen
b) Vergleich Anforderungen Stellenausschreibung mit dem Lebenslauf von Diana Körner

b) Weisen Sie die KT darauf hin, nur Schlüsselpassagen zu markieren.

a) Üben Sie die Strategie „Texte knacken mit W-Fragen" häufiger. Bringen Sie dafür weitere authentische Stellenanzeigen in den Kurs mit, die zu den Interessenfeldern der KT passen. Fragen Sie, für welche Stellenanzeige sich die KT interessieren und fordern Sie sie auf, ihre Wahl zu begründen.

2 Das Bewerbungsschreiben

a) b) c)

a) Selektives LV, Auseinandersetzung mit den formalen Aspekten der Textsorte „Bewerbungsschreiben"
b) Selektives LV, Redemittel und Textbausteine sammeln
c) Textvergleich, Analyse des Bewerbungsschreiben hinsichtlich des Stellenausschreibungsprofil

a) Die formellen Vorgaben eines Bewerbungsschreibens lassen sich gut systematisieren, die Formulierung der inhaltlichen Punkte ist jedoch stark individuell geprägt. Um ein eigenes Bewerbungsschreiben formulieren zu können, benötigen die KT Sprachbausteine. Nutzen Sie hierfür die KV 1 (Einheit 6).

5 Du oder Sie? Kommunikationsregeln

1 Wen duzt (d) oder siezt (s) man in Deutschland?

Regeln des Duzens und Siezens diskutieren

Erhöhen Sie die Redeanteile der KT, indem Sie in KG diskutieren lassen.

Bildgesteuertes Arbeiten: Bringen Sie Bilder von Situationen, in denen Menschen miteinander kommunizieren (u. a. Erwachsener mit Kindern, Studenten im Gespräch, Arbeitskollegen am Arbeitsplatz, Verkäufer/in und Kunde/in, Freunde beim Sport, eine ältere Dame im Gespräch mit einem Polizisten, ein Foto aus dem Familienalbum) mit in den Kurs und fragen Sie die KT, ob sich die Personen eher duzen oder siezen.

2 Du und Sie im Beruf

a) und b) c) oder

a) Detailliertes LV, Notizen machen
b) Selektives LV, Redemittel sammeln
c) Interkultureller Vergleich, Sensibilisierung, Erfahrungsaustausch

a) Die KT beantworten vor dem Lesen des Textes zunächst schriftlich die Fragen (fördert das hypothesengeleitete Lesen), lesen dann den Text und überarbeiten ggf. ihre Antworten.
c) Erhöhen Sie die Redeanteile der KT durch den Austausch in der KG.

Die KT erarbeiten in KG oder PA eine Übersicht zum Duzen und Siezen, die sie nach eindeutigen und offenen Situationen ordnen. Die Arbeitsergebnisse werden im Kursraum ausgestellt (*Galerie**).

Wo die Liebe hinfällt 7

In der Einheit 7 beschäftigen sich die KT mit dem Thema „Paare" und „Beziehungen". Der Einstieg erfolgt über berühmte Paare und ein Interview zur „Ähnlichkeits-Hypothese". In den weiteren Sequenzen wird auf verschiedenen Zugängen Goethes Roman „Die Wahlverwandtschaften" thematisiert: als Filmkritik zu „Mitte Ende August", als „großer Roman in 10 Punkten" und in Form des Kunstbildes „Electives Affinities". Die KT erhalten die Möglichkeit, sich mit den Textsorten „Filmkritik" und „Interview" zu beschäftigen, darüber hinaus lernen sie, ihre Eindrücke zu beschreiben und wiederholen, Positionen im Raum zu benennen. Die für die Redewiedergabe wichtige indirekte Rede wird im handlungsbezogenen Kontext der Kritik und zugehöriger Kommentare eingeführt. In Erweiterung zu den Satzgliedern aus Einheit 5 werden nun Hauptsätze nach ihren Positionen analysiert und das Mittelfeld näher bestimmt. Die Einheit schließt mit einer wissenschaftlichen Betrachtung zum Thema „Küssen", einer kontextualisierten Transkriptionsübung und einer kreativen Schreibaufgabe.

Textsorten

Zeitschriftenartikel *Frau & Stil*, S. 83
Filmkritik *Mitte Ende August*, S. 84
Interview *Sebastian Schipper*, S. 87
Wikipedia-Artikel, S. 87
Festrede, S. 87
Kunstbild *Electives Affinities*, S. 88
Magazintext *Verbotene Liebe*, S. 90
Lied *Küssen verboten*, S. 90

Wortfelder/Sprachhandlungen/Routinen

Positionen im Raum darstellen, S. 82
über die Ähnlichkeit von Paaren diskutieren, S. 83
über eine Filmkritik sprechen, S. 84
eine Filmkritik schreiben, S. 85
(Bild-) Eindrücke beschreiben, S. 88

Grammatik

Adjektivpaare auf *-voll* und *-los*, S. 85
Indirekte Rede, S. 86
Angaben im Mittelfeld, S. 89

Phonetik

IPA-Schrift lesen, S. 90
lange Vokale, S. 90

Kompetenzfelder

Vermutungen äußern, S. 82
eine Kritik mit Hilfe von Notizen schreiben, S. 85
Hypothesen überprüfen, S. 90

1 Wer mit wem?

1 Berühmte Paare

a) ➢ b) ➢ ➢ c)

a) Bildbeschreibung und -zuordnung mit Hilfe von Positionen im Raum, Vermutungen über Paare äußern
b) Detailliertes HV, Zuordnung von Text und Foto
c) Strategietraining: Detailliertes HV mit Notizen

(M) KV 1 (Einheit 7) mit den zusammengehörigen Paaren.

a) Regen Sie die KT an, die Zuordnung ggf. über den Stil der Bilder zu machen. Auch wenn Namen bekannt sind, sollten die Redemittel zur Positionsbeschreibung verwendet werden. Bei vermuteten Paaren sollte eine Begründung für die Zuordnung erfolgen. Um die Redeanteile der KT zu erhöhen, lassen Sie die Aufgabe zuerst in PA, dann im PL erarbeiten. Im Anschluss können Sie die Überschrift thematisieren: *Was bedeutet „Wo die Liebe hinfällt"?*
b) Die Hypothesen aus a) werden durch Informationen aus dem Hörtext bestätigt bzw. müssen überarbeitet werden. Die KT ergänzen Informationen zu Epoche und Beruf. Bieten Sie die KV 1 (Einheit 7) zur Motivation als Lösung an.
c) Die KT hören noch einmal. Während des Hörens machen sie Notizen und ergänzen die Tabelle. Werten Sie die Tabelle aus, indem Sie nach Gemeinsamkeiten/Unterschiede der Paare fragen.

Bei schwächeren KT ziehen Sie für c) die Ü2 aus dem Übungsbuch (S. 172) vor, hier: selektives HV mit Ankreuzen.

2 Gegensätze ziehen sich an? a) ➢ ➢ b) c) ➢

a) Eine Hypothese lesen und seine Meinung dazu äußern
b) und c) Detailliertes LV, in einem Interview Argumente zu einer Hypothese sammeln
d) Auswertung des Textes und eine Meinung zur Hypothese bilden

a) Klären Sie zuerst, was „Gleich und Gleich gesellt sich gern" bedeutet. Bearbeiten Sie Ü6 aus dem Übungsbuch (S. 174) und lassen Sie die KT in PA oder im PL ein Assoziogramm erstellen. Die Tabelle aus 1c) hilft ebenfalls.
b) Zur Vorentlastung lassen Sie die Textsorte unter Einbezug des Layouts, des Fotos und der Überschrift bestimmen (Interview in einer Frauenzeitschrift). Regen Sie die KT an, nach Schlüsselwörtern zu suchen und diese zu markieren.
c) Lassen Sie c) zuerst in PA korrigieren.
d) Bilden Sie pro/contra-Gruppen, die miteinander diskutieren.

3 Und bei Ihnen?

Ich-Bezug und interkultureller Aspekt

Diese Aufgabe bietet sich als Recherche-Aufgabe an: Die Ergebnisse können als Poster präsentiert werden (*Galerie**).

2 Liebe auf Abwegen

1 Rezensiert – Ein Film über die Liebe a) ➢ b) c) ➢ ➢

a) Strategietraining: einen Text überfliegen
b) Detailliertes LV
c) Eine Entscheidung treffen und begründen

a) Schulen Sie zuerst die Textsortenkompetenz und fragen Sie nach dem Layout, ohne jedoch die Aufgabe zu beantworten. Die KT sollen den Text nur überfliegen und einer Textsorte zuordnen (in max. 2 Min.). Thematisieren Sie dann das Kinoplakat und lassen Sie Vermutungen zum Filminhalt formulieren.
b) Lassen Sie die Kommentare abdecken, damit die KT nur die Kritik lesen.
c) Um die Redeanteile der KT zu erhöhen, arbeiten Sie für die Entscheidung im Schneeballverfahren (je nach Gruppegröße): erst zu zweit, dann zu viert, zu acht, zuletzt im PL. Achten Sie darauf, dass die Entscheidungen begründet werden.

2 Mit Kommentaren arbeiten

Detailliertes LV, Sichtweisen und verbalen Stil erkennen

Beginnen Sie ggf. an der Tafel mit einer Zuordnung der Adjektive aus dem Kasten zu Frage 2: *taktlos, frech, unhöflich, sachlich, …*

positiv	neutral	negativ
☺	😐	☹
gelungen	…	taktlos

Erst jetzt lesen die KT die Kommentare. Um den Redeanteil der KT zu erhöhen, arbeiten diese erst in PA. Die Ergebnisse werden im PL zusammengefasst.

3 Adjektive auf *-los* und *-voll*

Antonyme durch Wortbildung

Stellen Sie Wörterbücher oder andere Recherchemöglichkeiten zur Verfügung, um die Bildung falscher Gegensatzpaare zu vermeiden.

Die KT können ihre Ergebnisse gemeinsam an der Tafel festhalten. Bitten Sie nicht einzelne KT nach vorn, sondern alle.

4 Eine Kritik schreiben

a) – c) d)

a) Textsorte „Kritik“ im Aufbau analysieren
b) Strategietraining: Informationen sammeln und sortieren
c) Eine Kritik schreiben
d) Andere Kritiken lesen und verstehen, sich darüber austauschen

a) Bevor eine eigene Kritik geschrieben wird, wird die Textsorte „Filmkritik“ in 2.1 analysiert. Stellen Sie evtl. weitere Filmkritiken zur Verfügung, und lassen Sie diese in ihrem ggf. abweichenden Aufbau analysieren.
b) Geben Sie den KT Gelegenheit, einen Film nach Wahl (auch einen nicht-deutschen Film) zu besprechen. Das erhöht den Ich-Bezug und damit die Motivation. Sie können auch eingrenzen: den zuletzt gesehenen Film, einen Lieblingsfilm, …. Verdeutlichen Sie, dass die Vorstrukturierung und Gliederung eine Strategie ist, die das eigentliche Schreiben in c) vorbereitet.
c) Weisen Sie die KT darauf hin, den Aufbau zu verfolgen und Textbausteine einzubeziehen. So erweitern sie ihren produktiven Wortschatz. Die Textbausteine können Sie auch für Buchempfehlungen o. ä. nutzen.
d) Präsentieren Sie die Filmkritiken als Wandzeitung, das Lesen und Besprechen erfolgt über einen (individuellen) Klassenspaziergang (*Galerie**). Regen Sie das Kursgespräch durch Fragen an: *Welche Kritik ist die interessanteste? Für welchen Film entscheiden Sie sich? Welcher Kritik stimmen Sie (nicht) zu?*

3 Indirekte Rede erkennen

1 Indirekte Rede in Kommentaren

Kognitivierung der indirekten Rede. Strategietraining: Markieren

Hier sollen die KT die indirekte Rede erkennen und als (stilistisches) Mittel zur Redewiedergabe identifizieren. Der Konjunktiv I wird nicht produktiv von den KT gebildet, um diese nicht zu überfordern. Dies erfolgt erst in Band B2/2.

2 Indirekte und direkte Rede im Vergleich

Direkte Rede in indirekter Rede erkennen können

Zuerst suchen die KT in PA, dann sammeln Sie die direkten/indirekten Sätze an der Tafel. Analysieren und vergleichen Sie gemeinsam.

3 Formen der indirekten Rede

a) Tabelle ergänzen mit Konjunktiv I-Formen
b) Regel zum Konjunktiv I verstehen, Konjunktiv I-Formen erkennen

Achten Sie darauf, dass stärkere und schwächere KT gemeinsam arbeiten, um sich gegenseitig Hilfestellung zu geben.

4 Pronomenwechsel

Durch Analyse und Vergleich den Satzbau indirekter Rede verstehen

Nehmen Sie die Sätze aus 3.2. als weitere Beispiele oder erarbeiten Sie mit Ü14 im Übungsbuch (S. 177).

Stärkere KT können die Sätze selbstständig analysieren.

5 Funktionen indirekten Sprechens

KT erkennen die Funktion und damit einen wichtigen Anwendungsbereich der indirekten Rede.

Lassen Sie die KT erst zu zweit über die Aussagen sprechen. Nutzen Sie die Zeit, mit schwächeren KT zu klären, ob die indirekte Rede erkannt wird. Ein Rückgriff auf die Muttersprache der KT kann ggf. sinnvoll sein, um über potenzielle Funktionsbereiche nachzudenken.

4 Goethes „Wahlverwandtschaften“

1 Kommentar von Sebastian Schipper

oder

Detailliertes HV, Textsorte „Interview“

Lassen Sie das Interview ggf. zweimal hören. Die KT machen sich Notizen. Die Beantwortung der Fragen kann sowohl schriftlich (E), als auch mündlich (PA) erfolgen.

Bei schwächeren KT können Sie Ü15 aus dem Übungsbuch (S. 178) mit selektivem HV vorziehen.

2 Was bedeutet der Begriff „Wahlverwandtschaften“?

a) b)

a) Vorwissen aktivieren, Hypothesen bilden
b) Detailliertes LV, hypothesengeleitetes LV

a) Beginnen Sie die Aufgabe mit geschlossenem Buch, so dass die KT in der KG-Arbeit nicht sofort die Definition lesen. Schreiben Sie den Begriff „Wahlverwandtschaften“ an die Tafel und lassen Sie mündlich diskutieren.
b) Klären Sie schwierige Begriffe im PL. Sammeln Sie die Ergebnisse in Stichpunkten an der Tafel.

3 Ein großer Roman in 10 Punkten

a) b) c)

a) Detailliertes LV, Ordnen von Inhalten
b) Detailliertes HV, Textsorte „Festrede“
c) Detailliertes LV, Übertragen von Informationen und erklären

a) Lassen Sie die Sätze in der richtigen Reihenfolge laut vorlesen. Die KT können dabei den Text auch prosodisch gestalten.
b) Klären Sie zuerst die Textsorte „Festrede“ und fragen Sie: *Zu welchem Anlass wird eine solche Rede gehalten? Wer ist das Publikum? Wer spricht?*

Lassen Sie die KT die folgenden Punkte ordnen:

- ☐ Kurzzusammenfassung des Romans
- ☐ Begrüßung der Gäste
- ☐ Einleitung ins Thema

Fragen Sie dann die KT, auf welchen Teil sie sich konzentrieren müssen, um die Aufgabe zu lösen. Machen Sie den KT klar, dass man nicht auf alles achten muss. Der erste Abschnitt des Hörtextes ist zur Lösung irrelevant. Strategietraining: So extensiv wie möglich und so intensiv wie nötig üben.
Zur Erklärung der „Klassik Stiftung Weimar“ hilft:

Landeskunde

Die Klassik Stiftung Weimar zählt mit mehr als 20 Museen, Schlössern, historischen Häusern und Parks sowie den Sammlungen der Literatur und Kunst zu den größten und bedeutendsten Kultureinrichtungen Deutschlands. Einige davon sind als Teil des „Klassischen Weimars“ in der Liste des Weltkulturerbes der UNESCO aufgeführt. Pro Jahr besuchen mehr als 700 000 Menschen die Häuser der Klassik Stiftung. http://www.klassik-stiftung.de

c) Diese Aufgabe können Sie auch schriftlich bearbeiten lassen. Achten Sie darauf, dass der Begriff „Wahlverwandtschaften“ von allen KT verstanden wurde.

4 (Kunst-)Bilder erschließen

a) b)

a) Strategietraining: Adjektive zur Beschreibung eines Kunstbildes sammeln
b) Mit Hilfe von Leitfragen und Redemitteln eigene Eindrücke beschreiben, vermuten und begründen

Nach Möglichkeit kopieren Sie das Bild für den Unterricht auf Folie, so dass die KT bei geschlossenem Buch das Bild betrachten können.

a) Die KT sollen ihre eigenen Eindrücke eines Kunstbildes beschreiben. Dabei geht es nicht um eine allgemeingültige Bildinterpretation.
Die KT können frei Assoziationen (Adjektive) in E notieren. Nutzen Sie die Möglichkeit, nicht im PL zu sammeln, so dass jeder KT seine eigenen Eindrücke notieren kann. Danach erarbeiten die KT mit Hilfe der Tabelle weitere Adjektive.
b) Hier wird ein Ich-Bezug hergestellt und die Möglichkeit gegeben, eigene Eindrücke zu formulieren. Das heißt, es gibt keine richtigen oder falschen Antworten. Achten Sie darauf, dass die KT die Redemittel nutzen und so ihren produktiven Wortschatz erweitern.

Nutzen Sie die Bilder aus Ü16 im Übungsbuch (S. 178) und Aufgabe 2.3. in der Station 2 (S. 105) für ähnliche Aufgaben, z. B. auch zum Schreiben.

5 Sätze verstehen – Sätze bauen

1 Hauptsätze analysieren und variieren

a) b und c)

Erweiterung zu den Satzgliedern aus Einheit 5: die Positionen von Satzgliedern in Hauptsätzen analysieren und variieren können

b) Schreiben Sie einen Beispielsatz mit der Tabelle an die Tafel, so dass Sie die richtige Antwort für alle sichtbar markieren können. Schwächere KT klären zuerst unbekannte Begriffe.
c) Bereiten Sie auch Beispiele für Position 0 vor: *Aber/nach der Heirat/leben/sie/glücklich auf dem Land.*

2 Das Mittelfeld a) – c) oder

Angaben im Mittelfeld erkennen, nach temporal/kausal/modal/lokal zuordnen und bestimmen, Sätze umformen

Kärtchen mit Satzgliedern aus b) vorbereiten

a) Alle Angaben stehen im Mittelfeld, normalerweise in der Reihenfolge **t**emporal/**k**ausal/**m**odal/**l**okal, jedoch sind selten alle Angaben auf einmal im Mittelfeld zu finden. Der Spruch ***T**anzen **k**ann **m**an **l**ernen* hilft zur Memorisierung. Lassen Sie nach der Zuordnung weitere Beispiele sammeln und auf Kärtchen schreiben.
c) Die KT können mit Hilfe der Kärtchen in PA die Sätze umformen und das Mittelfeld mit den eigenen Karten aus a) neu besetzen. Sammeln Sie die interessantesten/lustigsten Sätze an der Tafel.

6 Küssen, Küssen, Küssen!

1 Küssen wissenschaftlich betrachtet a) und b)

Vermutungen anstellen, auf W-Fragen passende Antworten finden

Wenn Sie das Gefühl haben, dass den KT das Thema unangenehm ist, verweisen Sie auf „wissenschaftlich betrachtet“ und werten Sie die Aufgabe weniger inhaltlich aus, sondern vor allem unter dem Aspekt möglicher richtiger Antworten: Auf die Frage *Wie lange dauert ein durchschnittlicher Kuss?* kann die Antwort nicht *rechtsherum* lauten.

2 Lautschrift lesen a) b) und c) oder

Lautschrift (IPA-Schrift) lesen können

Die KT sollen nicht selbst die IPA-Schrift transkribieren, sondern verstehen, dass ihnen die IPA hilft, die Aussprache neuer Wörter eigenständig zu erarbeiten.
a) KT gehen induktiv vor – das Lesen der IPA ist nicht schwer. Gleichzeitig wird kontextualisiertes Lesen trainiert.
b) Beispiel: ['li:bə] - <Liebe>
c) Wdh.: lange Vokale. An dieser Stelle können Sie noch einmal auf die Aussprache und Schreibung langer, geschlossener Vokale hinweisen. In der IPA sind diese durch [:] gekennzeichnet.

Schreiben Sie weitere Wörter in IPA-Schrift auf und lassen Sie die KT diese erst vorlesen, dann zuordnen.

3 Küssen verboten! a) b)

a) Kreativ schreiben unter Verwendung vorgegebener Wörter
b) Globales HV, Eindrücke beschreiben

a) Schreiben Sie die fünf Wörter bei geschlossenem Buch an die Tafel und stellen Sie die Aufgabe mündlich. Weisen Sie die KT darauf hin, dass kurze Texte entstehen sollen, die lustig/traurig/nachdenklich/kritisch … sein können.
b) Hören Sie das Lied erst bei geschlossenem Buch, fragen Sie, ob es sich um ein lustiges oder ernstes Lied handelt und beziehen Sie die Musik mit ein. Nutzen Sie die Redemittel *Eindrücke beschreiben.* Erst dann wird das Buch geöffnet und beim zweiten Hören der Text ergänzt.

Die KT vergleichen im Anschluss an b) ihre Texte mit dem Liedtext.

Lesezeichen 8

In der Einheit 8 sprechen die KT über Bücher und Lesegewohnheiten. Als Einstieg dienen Zitate über das Lesen und Fotos von Buchtiteln. Mit einem „Kürzestkrimi" wird ein Genre hervorgehoben und der Spannungsaufbau thematisiert. Anhand der Frage „Stirbt das Buch?" erarbeiten die KT in einem Lesetext Vor- und Nachteile von elektronischen Lesegeräten und Büchern, nehmen selbst Stellung und argumentieren im Rahmen einer Talkrunde. Ein Interview mit der Schriftstellerin Tanja Dückers über „Orte zum Schreiben", „Literatur auf Wanderschaft" und „Lesezeichen" runden das Thema aus ungewöhnlichen Blickwinkeln ab. Die KT erhalten die Möglichkeit, sich mit den Textsorten „Sachtext", „Krimi", „Talkrunde" und „Interview" zu beschäftigen. Sie lernen Gesprächsstile kennen, Stellung zu nehmen, zu argumentieren und eigene Einstellungen und Vorlieben zu beschreiben. Die für die abwägende pro/contra-Argumentation wichtigen Konnektoren und Präpositionen werden im handlungsbezogenen Kontext eingeführt und geübt. Darüber hinaus werden Indefinitpronomen und die Endsilbenreduktion von *–en* behandelt.

Textsorten

Zitate *Bücher lesen heißt …*, S. 92
Kürzestkrimi, S. 93
Lesetext *Stirbt das Buch?*, S. 94
Talkrunde *Die Jugend liest nicht mehr*, S. 96
Interview *Tanja Dückers*, S. 97
Blog-Eintrag *Schon mal ein Buch freigelassen?*, S. 98
Lesezeichen, S. 100
Textgrafik Lesezeichen S. 100

Wortfelder/Sprachhandlungen/Routinen

Buchkategorien, S. 92
Vor- und Nachteile beschreiben, Stellung beziehen, S. 95
Gesprächsstrategien: beim Diskutieren unterbrechen und weitersprechen, S. 96
über das Schreiben und Schreiborte sprechen, S. 97
eine literarische Vorlage weiterschreiben, S. 97
über Lesezeichen sprechen, S. 100

Grammatik

Konzessive und konsekutive Konnektoren/Präpositionen, S. 95
Indefinitpronomen, S. 99

Phonetik

Aussprache Endung *-en*, S. 99

Kompetenzfelder

Text- und Spannungsaufbau, S. 93
Vor- und Nachteile aus einem Text sammeln, S. 94
Gesprächsablauf und -stil analysieren, S. 96
Hypothesen bilden, S. 97, S. 98
Schreibprojekt, S. 97

1 Bücherwelten

(M) Einstimmung: Bringen Sie verschiedene Bücher oder Buchkataloge mit (entsprechend der Kategorien in 1.2), lassen Sie die KT ein Buch auswählen und ihre Wahl kurz begründen. Geben Sie Leitfragen, die auch erst in PA besprochen werden können: *Welche Bücher lesen Sie zurzeit? Welche Bücher haben Sie im letzten Monat gekauft/verschenkt? Welches Buch haben Sie als letztes geschenkt bekommen? Haben Sie ein Lieblingsbuch?*

1 Lesen ist … a) ➤ oder b) ➤

Das Thema „Lesen" einführen, Emotionen und Lese-Gelegenheiten damit verbinden

a) Die Zitate sollen verschiedene Sichtweisen auf das Lesen verdeutlichen. Regen Sie die KT an, ihre Aussage zu begründen und ggf. zu erklären, warum sie sich so entschieden haben.
b) Klären Sie ggf. vor der E die Wörter.

a) Stärkere KT sollen sich zu einem der Zitate positionieren und ihre Haltung begründen. Wenn die Lernergruppe insgesamt stark ist, können Sie hier auch das Spiel „Meinungsecken“ einbauen (s. Station 2, S. 105).
b) Ziehen Sie bei schwächeren KT b) vor, da der Übergang vom Ich-Bezug zu den Zitaten so leichter fällt.

2 Lieblingsbücher

a) > b) >

a) Kategorien/Gattungen von Büchern kennen lernen, selektives LV, Bildzuordnung
b) Ich-Bezug herstellen, eigene Vorlieben beschreiben

a) Lassen Sie die KT die Abbildungen anschauen: Welche Bücher sind bekannt? Dann lesen Sie gemeinsam die Kategorien und klären ggf. Verständnisfragen, bevor die KT die Aufgabe bearbeiten.
b) Lassen Sie die KT individuell entscheiden und in Stichworten schriftlich begründen. Anschließend tauschen sich die KT in KG untereinander aus, um die Redeanteile zu erhöhen.

3 Textsorte Krimi

a) b) >

a) Vorwissen aktivieren, Wortschatzarbeit
b) LV, eine Pointe erkennen, Textanalyse

a) Beginnen Sie mit einem Mindmap an der Tafel, das die KT selbst füllen.
b) Lassen Sie die KT nach dem Lesen in PA über die Punkte sprechen. Sammeln Sie die Ergebnisse im PL. Im nächsten Schritt können Sie auf die Mindmap Bezug nehmen: Welche Bausteine finden sich im Kürzestkrimi, welche nicht?

a) Bei schwächeren KT geben Sie die Kernbegriffe für das Mindmap vor und lassen nur Beispiele finden.

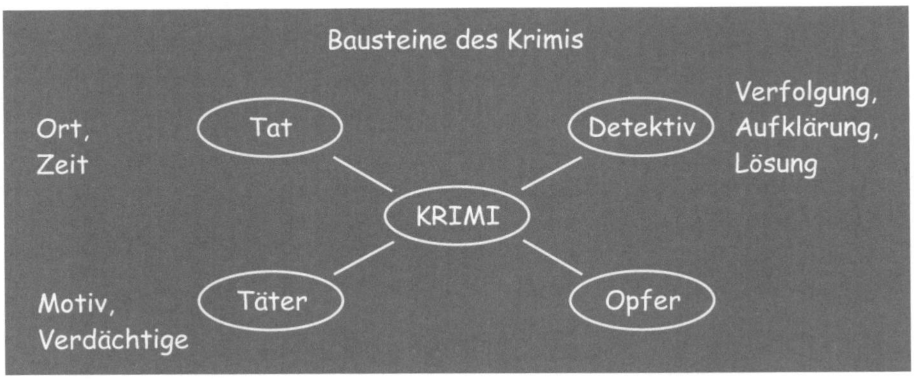

Spannung und eine Pointe lassen sich sprecherisch gut umsetzen. Lassen Sie einige KT den Text entsprechend vortragen.

4 Einen Kürzestkrimi schreiben

a) oder b) c)

a) Kreatives, pointiertes Schreiben eines Kürzestkrimis, dadurch Hypothesenbildung
b) Präsentation, HV
c) Hypothesengeleitetes HV

a) Klären Sie zuerst den Wortschatz. Die KT schreiben in E oder PA einen Kürzestkrimi. Die Punkte aus 3a) und b) helfen beim Textaufbau.
b) Ermuntern Sie die KT, den Kürzestkrimi als Szene zu inszenieren, einen Comic zu zeichnen o. ä. Planen Sie ausreichend Zeit für die Präsentationen ein. Vergleichen Sie dann mit dem Hörtext.
c) Das anschließende HV dient zum einen dem Vergleich, zum anderen der weiteren Hypothesenbildung hinsichtlich der Pointe. Sammeln Sie die verschiedenen Vermutungen an der Tafel.

Nach dem Hören arbeiten die KT mit dem Transkript auf S. 219 und setzen Spannung und Pointe erneut sprecherisch um.

2 Stirbt das Buch?

1 Buch oder elektronisches Lesegerät? a) b) c)

a) Strategietraining: Selektives LV, Schlüsselwörter markieren und aus dem Kontext erschließen
b) Strategietraining: Informationen sammeln und ordnen
c) Stellung nehmen

a) Schulen Sie die Textsortenkompetenz und fragen Sie nach dem Layout. Fragen Sie nach Erfahrungen der KT: *Wer kennt/besitzt elektronische Lesegeräte?* Beginnen Sie aber noch nicht mit einer pro/contra-Diskussion! Lassen Sie dann den Text überfliegen, bevor selektiv gelesen wird. Ermuntern Sie die KT, die Ausdrücke erst zu markieren, das Umfeld des Wortes zu analysieren und dann mit Hilfe des Kontextes zu erklären.
b) Lassen Sie die KT Vor- und Nachteile im Text mit zwei verschiedenen Farben markieren und die Informationen in die Tabelle eintragen. Auf diese Weise sammeln und ordnen sie Argumente für die Diskussion in c).
c) Die KT sortieren in KG zur Vorbereitung der Diskussion die Argumente nach Wichtigkeit: das wichtigste Argument kommt am Schluss. Dann treten Vertreter jeder KG gegeneinander an: Unmittelbar vor der Stellungnahme wird zugeteilt, wer pro und wer contra argumentieren muss. Im Anschluss entscheidet das PL, wer überzeugender argumentiert hat.

a) Bei schwächeren KT ziehen Sie Ü 6a) und c) aus dem Übungsbuch (S. 184) vor.
b) Stärkere KT ergänzen die Tabelle mit eigenen Argumenten.
c) Schwächere KT formulieren vor der Diskussion ihre Argumente schriftlich.

2 Gegensatz und Folge … a) und b) oder

a) Satzkonnektoren und Präpositionen erkennen, deren Funktion zuordnen und verstehen
b) Wdh.: Haupt- und Nebensätze

a) Strategietraining: Markieren. Regen Sie die KT an, mit Farben zu arbeiten.
b) Lassen Sie die Sätze laut lesen, z. B. liest ein KT den Hauptsatz, der andere den Nebensatz. Durch lautes Sprechen regen Sie eine weitere Verarbeitungsebene an. Gehen Sie im Anschluss daran auf die Position der Satzkonnektoren ein.

3 Ich habe so viel um die Ohren, …

*Automatisierung**, Einschleifen der Strukturen durch Wdh.

Achten Sie auf Geschwindigkeit und Flüssigkeit beim Sprechen. Fordern Sie die KT auf, die Strukturen auswendig zu lernen.

Schwächere KT lesen die Sätze zunächst langsam und leise (z. B. im *Mönchsgang**). Im nächsten Schritt wird immer noch in E laut gelesen. Erst dann erfolgt der Wechsel in PA. Stärkere KT ergänzen eigene dass-Sätze. Achten Sie auf Korrektheit.

4 Welcher Konnektor passt?

Bedeutungsunterschiede durch Konnektoren erkennen, einen passenden Konnektor wählen

Stellen Sie vor Beginn der Übung sicher, dass die Bedeutung der Konnektoren verstanden wurde, indem Sie ein Beispiel im PL diskutieren. Die Erklärungen zu den Folgebeispielen zeigen Ihnen, ob die Semantik der Struktur von den KT verstanden wurde. Bei Problemen bearbeiten Sie die Ü 9-12 im Übungsbuch (S. 186 f.) und die KV 1 (Einheit 8) gemeinsam im Kurs.

Lassen Sie weitere Sätze formulieren, die die KT untereinander austauschen.

5 Die Jugend liest nicht mehr – eine Talkrunde a) und b)

a) Globales HV, Ordnen von Inhalten
b) Gesprächsstile beschreiben

a) Beginnen Sie die Aufgabe mit geschlossenem Buch. Lassen Sie die KT vermuten, um welche Textsorte es sich handelt. Es geht um den Aufbau des Gesprächs, nicht um selektives HV! Machen Sie den KT klar, dass große Teile der Aufnahme nicht verstanden werden müssen, um die Aufgabe zu lösen. Unterstützen Sie damit den kompetenten Umgang mit Hörtexten (Prinzip: So extensiv wie möglich, so intensiv wie nötig hören.)
b) Sammeln Sie die Ergebnisse in Stichpunkten an der Tafel.

Stellen Sie den Bezug zur eigenen Kultur her: *Wie werden solche Gespräche bei Ihnen geführt? Wie wirkt diese Talkrunde auf Sie?*

6 Gesprächsstrategie: ... a) b)

a) Strategietraining: Ordnen
b) Gesprächsstrategie anwenden

a) Nach dem Ordnen der Redemittel besprechen Sie die Landeskunde-Box. Fragen Sie: *Ist es in Ihrer Kultur erlaubt/akzeptiert, eine Person zu unterbrechen?*
b) Ermuntern Sie die KT, aus dieser Übung einen Wettbewerb zu machen: Wer schafft es, das Rederecht zu behalten bzw. zu bekommen? Nutzen Sie dafür auch die Redemittel auf S. 95.

Beziehen Sie die Ü15 aus dem Übungsbuch (S. 189) ein.

7 Die Talkrunde: Das Buch ist tot – lang lebe das Buch?! a) und b)

a) Festigung, Anwendung
b) Diskussion

a) Legen Sie ggf. Gruppen fest, von Vorteil ist jedoch, wenn die KT frei wählen können.
b) Inszenieren Sie eine Podiumsdiskussion. Um alle KT einzubeziehen, verteilen Sie die Aufgaben: Die Sprecher der Gruppen können ausgetauscht werden, wählen Sie eine/n Moderator/in, lassen Sie Protokolle schreiben: eines zu den Inhalten (was wird gesagt?), eines zur Gesprächsform (wie wird diskutiert?).

3 Orte zum Schreiben

1 Schreiborte a) – c)

a) Einstimmung, Vorwissen aktivieren, Ich-Bezug
b) Eindrücke beschreiben, begründen
c) Vermuten und begründen

b) Nutzen Sie ggf. die Adjektive aus den Bildbeschreibungen in der Einheit 7, S. 88.
c) Nutzen Sie die Lebensdaten und Hinweise zu den Autoren, damit die KT nicht nur raten.

Landeskunde

Johann Wolfgang von Goethe: 1746–1832; Tanja Dückers: *1968, deutsche Schriftstellerin und Journalistin; Ernest Hemingway: 1899–1961, US-amerikanischer Schriftsteller; Friedrich Schiller: 1759–1805; Günter Grass: *1927, deutscher Schriftsteller; Elke Heidenreich: *1943, deutsche Schriftstellerin, Literaturkritikerin

2 Die Schriftstellerin Tanja Dückers … a) und b)

a) Textsorte „Interview“: detailliertes LV, Ordnen von Inhalten, detailliertes HV
b) Detailliertes LV, Übertragen von Informationen

a) Lassen Sie die Sätze in der richtigen Reihenfolge laut vorlesen: Ein KT stellt die Fragen, ein KT antwortet.

3 Schreibprojekt oder

Hypothesen bilden, schreiben

Sammeln Sie im PL mögliche Ideen. Die KT schreiben dann allein oder in PA die Geschichte weiter. Sammeln Sie die Ergebnisse z. B. in Form einer Wandzeitung (*Galerie**).

Helfen Sie schwächeren KT mit einer konkreten Frage: *Was könnte Lukas in der Wohnung verändern, so dass sich seine Ex-Freundin wundert?*

4 Literatur auf Wanderschaft

1 Plastiktüten

Interesse wecken, Vermutungen anstellen

Beziehen Sie ggf. die Sequenzüberschrift ein: „Literatur auf Wanderschaft“.

2 Vom „Bücherjagen“ und „Bücherfreilassen“ a) – c) oder d)

a) Eine Hypothese bilden und seine Meinung dazu äußern
b) Detailliertes LV, Hypothese überprüfen
c) Strategietraining: W-Fragen
d) Ich-Bezug

b) Kopieren Sie den Buchaufkleber auf Folie oder drucken Sie ihn von der Website aus (http://www.bookcrossers.de/bcd/download/). Klären Sie die Textsorte unter Einbezug des Layouts.
c) Regen Sie die KT an, nach Schlüsselwörtern zu suchen und diese zu markieren.
d) Auswertung des Themas. Sammeln Sie die ungewöhnlichsten Orte an der Tafel.

3 Sie möchten ein Buch freilassen?

Vermuten und begründen

Arbeiten Sie ggf. mit Ü6 im Übungsbuch (S. 184)

(P) Regen Sie die KT an, sich an dieser Aktion zu beteiligen oder Bücher in der Schule/an der Uni freizulassen.

4 Irgendwer hat doch sicherlich …? a) b) und c) oder

a) und b) Indefinitpronomen, Regeldarstellung, Flüssigkeitstraining, *Automatisierung**

a) Vor der Regeldarstellung erfolgt implizites Wahrnehmen der Indefinitpronomen, erst in b) folgt die explizite Regel. Wiederholen Sie nach der Regel a) in PA, dadurch Flüssigkeitstraining über die phonologische Schleife.
c) Regen Sie an, die Regel auf verschiedene Weise darzustellen: als Zeichnung, szenisch als Dialog etc.

a) Stärkere KT ergänzen mit eigenen Sätzen. Achten Sie unbedingt auf deren Korrektheit.

5 Aussprache der Endung *–en* a) oder b) c) und d)

a) – d) Aussprache Silbenreduktion im Suffix *–en*

Silbenreduktion, besonders der Endsilbe *–en*, stellt oft noch lange eine Schwierigkeit dar und führt zu einer hyperkorrekten, unnatürlichen Aussprache.
a) Durch die Markierung des Wortakzents soll verdeutlicht werden, auf welcher Silbe die Bedeutung liegt. Gleichzeitig wird klar, dass die Endsilbe *–en* meistens unbetont und damit zu [n̩] reduziert wird.
c) Setzen Sie auch die Möglichkeit des Chorsprechens ein: ein KT spricht vor, der Kurs spricht nach. Auf diese Weise können Sie auf die Aussprache einzelner achten.

Lassen Sie Fragen zu verschiedenen Themen formulieren, in denen möglichst viele Wörter auf *-en* enden. In PA werden die Fragen gestellt, der/die Partner/in reagiert.

5 Lesezeichen

1 Welcher Lesezeichen-Typ sind Sie?

Ich-Bezug, Bilder beschreiben

Bringen Sie typische und ungewöhnliche Lesezeichen mit. Sie können auch die KT vorab bitten, ihre eigenen Lesezeichen mitzubringen.

Zur Vorentlastung arbeiten Sie mit geschlossenem Buch. Legen Sie verschiedene Lesezeichen aus. Die KT wählen eins aus und begründen ihre Wahl. Achten Sie darauf, noch nicht Aufgabe 3 vorzugreifen.

2 Über das Lesezeichen a) b)

a) Detailliertes LV, Bildzuordnung
b) Selektives LV, Strategietraining: Notizen machen

a) Lassen Sie zuerst die Lesezeichen in der Bildleiste beschreiben und sammeln Sie – insbesondere für schwächere KT – relevante Schlüsselwörter an der Tafel, z. B. Werbung, Fliege … Regen Sie an, Schlüsselwörter zu markieren.
b) Um die Redeanteile der KT zu erhöhen, erfolgt die Auswertung in PA.

3 Und Sie? oder

Ich-Bezug herstellen, Strategietraining: W-Fragen

Sie können die Fragen schriftlich in Stichpunkten beantworten lassen, der Austausch erfolgt mündlich.

Stärkere KT formulieren weitere Fragen für die anderen KT.

Schreiben Sie je eine Frage auf ein großes Plakat. Legen Sie die Plakate aus und lassen Sie die KT schriftlich, ohne miteinander zu sprechen (*stummes Gespräch**), die Frage auf dem jeweiligen Plakat beantworten. In der nächsten Runde können die KT die Antworten der anderen schriftlich kommentieren. In einer weiteren Runde erfolgt dann ein Gespräch über die Antworten.

Station 2: Training für den Beruf

Der Einstieg in die Station 2 erfolgt über das Thema „Vorstellungsgespräch“ und knüpft damit inhaltlich eng an die Einheit 6 und das Thema „Bewerbung“ an. Zuerst wird der Ablauf eines Vorstellungsgesprächs fokussiert, anschließend typische Fragen zugeordnet. Die KT erhalten die Möglichkeit, diese Fragen anhand vorgegebener Redemittel selbst zu beantworten. Anschließend wird über körpersprachliche Signale, die bereits in Station 1 thematisiert wurden, und deren Wirkung reflektiert. Der Gesprächsablauf einer Vorstellung und die Körpersprache können im Rahmen des darauf folgenden Rollenspiels erprobt werden. Die Sequenz schließt mit der Evaluation eines Vorstellungsgesprächs ab.

Textsorten

Interview *Tipps des Personalberaters R. Berger …*, S. 102
Interview *Bewerbungsexpertin Eva Mühlisch*, S. 103

Wortfelder/Sprachhandlungen/Routinen

über den Ablauf eines Vorstellungsgesprächs sprechen, S. 102
Redemittel für ein Vorstellungsgespräch, S. 103
über Körpersprache sprechen, S. 103
ein Vorstellungsgespräch führen, S. 103

Kompetenzfelder

ein Vorstellungsgespräch analysieren und verstehen, S. 102
Fragen im Vorstellungsgespräch verstehen und beantworten können, S. 102
Körpersprache wahrnehmen und hinterfragen, S. 103
sprechen und auf die eigene Körperhaltung achten, S. 103
eine Rolle erarbeiten / sich in eine Person hineinversetzen, S. 103

1 Training für den Beruf: Vorstellungsgespräch

1 Ein Vorstellungsgespräch vorbereiten

a) ➢ b) ➢ c) d) ➢

a) Ich-Bezug herstellen, Vorwissen aktivieren
b) LV, detailliertes HV, ein Gespräch in die richtige Reihenfolge bringen
c) Selektives HV
d) Mit persönlichen Erfahrungen vergleichen, interkultureller Austausch

a) Die KT tauschen sich erst in PA über die Fragen aus. Hier geht es vor allem darum, Vorwissen zu aktivieren und über die Textsorte „Vorstellungsgespräch“ zu reflektieren.
b) Die KT lesen zuerst die Punkte und sortieren. Danach hören sie und korrigieren mit dem Hörtext.
c) Lassen Sie die Aufgabe in PA korrigieren.
d) Falls die KT keine eigenen Erfahrungen haben, lassen Sie sie vermuten, wie ein Vorstellungsgespräch oder Bewerbungsverfahren in ihrem Land abläuft. Geben Sie ggf. den Arbeitsauftrag, darüber zu recherchieren oder Familie/Freunde/Bekannte zu befragen.

a) Wenn die KT bereits Vorstellungsgespräche kennen, können Sie weiter fragen: *Liefen die Gespräche alle gleich ab? Welche Fragen wurden Ihnen immer gestellt?*

2 Ein Vorstellungsgespräch führen

a) b)

a) Detailliertes LV, Fragen passenden Antworten zuordnen
b) Fragen mit Hilfe von Redemitteln beantworten

a) Stellen Sie sicher, dass die KT alle Fragen richtig zugeordnet haben. Die Korrektur im PL kann so erfolgen, dass ein KT die Frage vorliest, ein anderer antwortet. Dieses können Sie in PA wiederholen lassen: So erhöhen Sie die Redeanteile der KT.
b) Schwächere KT bereiten die Antworten schriftlich vor, stärkere KT machen Stichworte.

Im Anschluss bilden Sie KG: ein KT übernimmt die Funktion des Fragenden, die anderen reagieren.

3 Was Worte nicht sagen – Körpersprache

a) b) c) oder

a) Körpersprache wahrnehmen und interpretieren, über Körpersprache diskutieren
b) Detailliertes HV, Zuordnung von Foto und Redemittel
c) Sprechtraining in Verbindung mit Schulung der eigenen Körperhaltung

a) Körpersprache ist kulturell und individuell stark geprägt, hinzu kommt der Aspekt weiblich/männlich. Weisen Sie die KT auf diese Unterschiede hin.
b) Lassen Sie die HV zuerst in PA auswerten, anschließend im PL. Für schwächere KT geben Sie zur Unterstützung Stichworte an der Tafel vor:

Haltung	Blickkontakt
Raum	Händeschütteln

Stellen Sie sicher, dass alle Begriffe verstanden werden. Geben Sie ggf. Beispiele.
c) Lassen Sie die KT in PA oder KG arbeiten. Mutige KT können auch vor dem PL eine Körperhaltung präsentieren. Regen Sie darüber hinaus einen interkulturellen Austausch an: *Wie wirken diese Körperhaltungen in Ihrem Land? Sind alle Körperhaltungen für Frauen/Männer akzeptiert? Welche Körperhaltungen sind bei Ihnen typisch?*

4 Projekt Internet

a) und b) c)

a) Internetrecherche, sich auf eine Rolle vorbereiten: Informationen sammeln, Fragen/Antworten vorbereiten, einen Gesprächsablauf planen
b) Szenisches Darstellen, freies Sprechen üben, Körpersprache einbeziehen
c) Den Verlauf eines Gesprächs auswerten

Bringen Sie verschiedene Stellenanzeigen aus Zeitungen mit oder drucken Sie einige Online-Anzeigen aus.

a) Die KT wählen gemeinsam eine Stellenanzeige aus. Der „Personalchef" bereitet das Gespräch vor und leitet es. Der „Bewerber" erarbeitet sich anhand der Stellenanzeige ein Profil. Betonen Sie, dass beide Charaktere fiktiv sein können, d.h. sie müssen nicht den KT entsprechen. So erhalten Sie einen eher spielerischen Charakter.
b) Die Körperhaltungen aus Aufgabe 3 sollen im Gespräch berücksichtigt werden: Lenken Sie den Fokus einmal auf die Körpersprache, einmal auf das Gespräch (Ablauf in Inhalt). Geben Sie den KT Zeit, das Gespräch mehrfach zu führen.
c) Den Verlauf des Gesprächs auswerten und darüber zu reflektieren ist ein wichtiger Bestandteil der Übung und sollte nicht weggelassen werden: es gibt die Möglichkeit, Selbst- und Fremdwahrnehmung auszutauschen, wodurch eine Reflektion des eigenen Verhaltens und Befindens möglich ist. Achten Sie darauf, dass keine personenbezogene, sondern nur sachbezogene Kritik geäußert wird, die beobachtbar war. Zwingen Sie keine KT, das Gespräch vor dem PL vorzuführen.

b) Stärkere KT können die Partner tauschen und sich so in einer anderen, fremden Gesprächssituation ausprobieren.

Kopiervorlagen und Tests

studio d B2 lädt ein

Fragebogen: Wünsche und Erwartungen

1 **Ich heiße** ....

2 **Ich komme aus** ....

3 **Ich lerne Deutsch seit** ....

4 **Was ich von meinem Lehrwerk** studio d – **Die Mittelstufe erwarte:**

	☺	☺	😐	😕	☹
1. Interessante Themen	☐	☐	☐	☐	☐
2. Vielfältige landeskundliche Informationen	☐	☐	☐	☐	☐
3. Ansprechende Hörtexte	☐	☐	☐	☐	☐
4. Zahlreiche Sprech- und Diskussionsanlässe	☐	☐	☐	☐	☐
5. Text- und Textsortentraining	☐	☐	☐	☐	☐
6. Intensive Wortschatzarbeit	☐	☐	☐	☐	☐
7. Schreibtraining	☐	☐	☐	☐	☐
8. Wiederholung der Grammatik der Grundstufe	☐	☐	☐	☐	☐
9. Umfangreiches Grammatiktraining	☐	☐	☐	☐	☐
10. Interessante Bilder	☐	☐	☐	☐	☐
11. Intensives Ausspracheraining	☐	☐	☐	☐	☐
12. Strategietraining (Lernen lernen)	☐	☐	☐	☐	☐
13. Effiziente Prüfungsvorbereitung	☐	☐	☐	☐	☐
14.	☐	☐	☐	☐	☐

5 **Was ich gut kann:**

a. Leseverstehen ☐ **b.** Hörverstehen ☐ **c.** Sprechen ☐ **d.** Schreiben ☐

e. Aussprache ☐ **f.** Grammatik ☐ **g.** ....

6 **Was ich nicht so gut kann, aber unbedingt verbessern möchte:**

....

7 **Was ich besonders gern machen möchte:**

....

Beschwerden

1 Rollenspiel. Schreiben Sie einen Dialog und präsentieren Sie ihn.

Situation 1

A	B
Sie joggen durch den Park, als ein riesiger Hund auf Sie zurennt. Sie werfen sich vor lauter Angst auf den Boden und schreien um Hilfe. Als der Besitzer kommt, erklären Sie, dass er die Kosten zur Reinigung Ihrer Sachen übernehmen muss.	Sie gehen mit Ihrem Hund im Park spazieren und lassen ihn frei laufen. Es ist ein ganz liebes Tier und will meist nur spielen. Sie verstehen nicht, weshalb sich der Jogger in den Dreck wirft und wollen natürlich nicht auch noch dafür zahlen.

Situation 2

A	B
Es ist Sonnabend, Sie feiern Ihren 30. Geburtstag mit 55 guten Freunden. Es wird natürlich viel getanzt, gelacht und die Party ist auch um 24 Uhr noch nicht zu Ende, als Ihr/e Nachbarn/in vor der Tür steht und mit der Polizei droht.	Sie hatten eine harte Arbeitswoche als Krankenschwester/-pfleger und müssen auch am Sonntag ins Krankenhaus. Daher sind Sie früh ins Bett gegangen. Leider hämmert die Musik aus der Wohnung Ihres Nachbarn. Um 24 Uhr ist Ihre Geduld am Ende.

2 Ein Beschwerdebrief. Markieren Sie die Fehler und korrigieren Sie.

Phonoidealopreis GmbH
Brief dem Herrn Schumann geben
Hannover, Schillerstraße 23
30159

Hallo Schumann, Delmenhorst, Donnerstagnachmittag, der 18.12.2010
Es geht um meine Lautsprecher

das kann ja wohl nicht wahr sein!!!!!

Ich rufe ständig bei Ihnen an, um nach meiner Bestellung – ich weiß nicht mehr das Datum – zu fragen, aber keiner hilft mir weiter. So eine Frechheit!!! Sie sagten, dass mir meine Lautsprecher innerhalb der nächsten drei Tage geliefert werden.

Mir ist es völlig egal, dass Sie in der Vorweihnachtszeit viel zu tun haben. Ich will meine Lautsprecher und zwar sofort! Dafür zahle ich schließlich!

Sie liefern mir die Lautsprecher innerhalb der nächsten 48 Stunden, ansonsten können Sie sie behalten. So eine Frechheit! Das kann ja wohl alles nicht wahr sein!!!

Tschüß Hans-Peter Jost, Ihr verärgerter Kunde

Checkliste Beschwerdebrief

1 **Überprüfen Sie Ihren Beschwerdebrief hinsichtlich der folgenden Punkte.**

1. Habe ich meine **Adressdaten** korrekt angegeben?
   Stehen mein Name, Straße, Postleitzahl und Stadt auf der richtigen Position?
   Habe ich die Adressdaten des Empfängers korrekt angegeben?

2. **Ort und Datum**
   Habe ich Ort und Datum in der richtigen Reihenfolge angegeben?
   Stehen Ort und Datum an der richtigen Stelle meines Briefes?
   Sind Ort und Datum korrekt und aktuell?

3. **Betreffzeile**
   Steht die Betreffzeile an der richtigen Stelle?
   Ist meine Betreffzeile kurz und verständlich?

4. **Anrede**
   Habe ich eine korrekte – und höfliche – Anrede gewählt?
   Habe ich eine konkrete Person angesprochen?
   Habe ich ein allgemeines „Sehr geehrte Damen und Herren, …" gewählt, weil ich den Empfänger meines Briefes nicht kenne?

5. Habe ich den **Hauptteil des Briefes** verständlich gegliedert und folgende Fragen der Reihe nach beantwortet?
   Warum schreibe ich? Grund meiner Beschwerde.
   Was ist passiert? Genauere Beschreibung des Vorfalls.
   Habe ich Verständnis für das Problem gezeigt?
   Was möchte ich erreichen? Aufforderung an den Empfänger des Briefes.
   Bin ich höflich in meinen Formulierungen? Verwende ich Ausdrücke wie „Ich kann verstehen, …", „Ich bitte Sie, …", „Sie müssen verstehen, dass …"

6. **Abschiedsgruß**
   Steht der Gruß an der richtigen Stelle?
   Habe ich einen – höflichen – Abschiedsgruß verwendet?

7. Habe ich meine **Unterschrift** unter den Gruß gesetzt?

8. Korrektur von …
   Habe ich die **Rechtschreibung** – ggf. mit Hilfe des Computerprogramms, eines Wörterbuchs, Internetquellen etc. – überprüft?
   Habe ich **grammatische Strukturen** (Deklination etc.) überprüft?
   Gibt es **Formulierungen**, bei denen ich unsicher bin und mir Rat holen sollte (bei der Lehrkraft, anderen Lernern, Internetquellen wie www.leo.org.)?
   Gibt es **Fehler**, die ich oft mache und nach denen ich im Text gesucht habe?

Fragespiel

In welchem Bereich sind Sie nicht untalentiert?	Worüber sind Sie nicht unglücklich?	Was ist nicht ganz unbedeutend für Sie?
Welches Buch war für Sie nicht ganz unwichtig?	Welche Eigenschaften sind Ihrer Meinung nach im Beruf nicht ganz unwichtig?	Welcher Musik- oder Filmstar sieht Ihrer Meinung nach nicht schlecht aus?
Was ist für Sie nicht ohne Interesse?	Ohne welchen Gegenstand gehen Sie nicht aus dem Haus?	Ohne was könnten Sie nicht leben?
Was ist für die berufliche Zukunft nicht unklug zu tun?	Ohne wen fahren Sie nicht in den Urlaub?	Was würden Sie jetzt nicht ungern machen?
Wann ist Ihnen jemand nicht unsympathisch?	In welchen Situationen fühlen Sie sich nicht unwohl?	Welche/n Autor/in oder Filmemacher/in finden Sie nicht ganz unbedeutend?
Wann sollte man nicht unpünktlich sein?	Welche weitere Sprache – neben Deutsch – finden Sie nicht uninteressant?	Formulieren Sie eine eigene Frage für die anderen!

Eine Bestellung aufgeben

1 Bringen Sie die Bilder in die richtige Reihenfolge und ordnen Sie die Aussagen des Copyshop-Mitarbeiters den Sprechblasen zu.

1. Aber gern doch. Bis heute Abend.
2. Guten Tag, aber gern doch! Was kann ich für Sie tun?
3. Okay. Ich erledige das für Sie nach Feierabend. Pro Seite 5 Cent plus 15 Euro pro Arbeitsstunde für den Aufwand.
4. Oh, das geht leider nicht. Aber ich kopiere es Ihnen gern bis morgen 17 Uhr.

a

b

c

d

2 Frau Thierse ist sehr unhöflich. Formulieren Sie um und sagen Sie es höflicher.

3 Üben Sie den Dialog. Achten Sie beim Lesen auf Satzmelodie und Flüssigkeit.

4 Spielen Sie den Dialog im Kurs.

1 Ordnen Sie die Nationalparke zu.

1. Schleswig-Holsteinisches Wattenmeer
2. Jasmund (Mecklenburg-Vorpommern)
3. Unteres Odertal (Brandenburg)
4. Hamburgisches Wattenmeer
5. Sächsische Schweiz (Sachsen)
6. Hainich (Thüringen)
7. Kellerwald-Edersee (Hessen)
8. Eifel (Nordrhein-Westfalen)
9. Berchtesgaden (Bayern)
10. Niedersächsiches Wattenmeer (Niedersachsen)
11. Müritz (Mecklenburg-Vorpommern)
12. Bayrischer Wald (Bayern)
13. Harz (Sachsen-Anhalt)
14. Vorpommerische Boddenlandschaft (Mecklenburg-Vorpommern)

Nationalparke in Deutschland

Satzglieder und ihre Kerne

1 Bestimmen Sie die Satzgliedkerne wie im Beispiel.

Beispiel: das Zusammenspiel dieser unterschiedlichen Funktionen

1. an sauberem Trinkwasser

2. dieses ausgesprochen enge Beziehungsgeflecht

3. das steigende Erholungsbedürfnis der Bevölkerung

4. wegen der erhöhten Umweltbelastung

5. mit dem erhöhten Verbrauch des Rohstoffs Holz

2 Markieren Sie die Satzglieder wie im Beispiel.

Die Funktionen des Waldes

Der Wald | übt | eine ganz entscheidende Wirkung | auf die ihn umgebene Landschaft | aus. Das Zusammenspiel dieser unterschiedlichen Funktionen ist ausgesprochen komplex. Daher wurde erst im 20. Jahrhundert dieses enge Beziehungsgeflecht verstanden. Es gab unterschiedlichste Gründe für den Drang zum Verstehen der Funktionen des Waldes. Es waren vor allem die folgenden Beweggründe:

- Heute besteht ein größerer Bedarf an sauberem Trinkwasser.
- Die zu nutzenden Flächen werden zunehmend knapper.
- Wegen der erhöhten Umweltbelastung wird nach der Funktion des Waldes gefragt.
- Auch das steigende Erholungsbedürfnis der Bevölkerung trägt zur wissenschaftlichen Beschäftigung mit dem Wald bei.
- Mit dem erhöhten Verbrauch des Rohstoffs Holz kommt dem Wald eine besondere Bedeutung zu.

Das Bewerbungsschreiben

1 Nutzen Sie die Sprachbausteine, um ein Bewerbungsschreiben zu verfassen.

1. **Anrede**
   Empfänger unbekannt: *Sehr geehrte Damen und Herren, …*
   Empfänger bekannt: *Sehr geehrte(r) Frau/Herr* (Titel? z. B. Dr.) …

2. **Einleitung**
   Kontakt mit dem Arbeitgeber hat im Vorfeld stattgefunden:
   – *Vielen Dank für das angenehme/ausführliche/freundliche/offene Gespräch/Telefonat/Messegespräch/Treffen. Wie besprochen übersende ich Ihnen meine (schriftlichen/vollständigen) Unterlagen.*
   – *Auf Empfehlung von Herrn/Frau ... möchte ich Ihnen meine Unterlagen übersenden.*

   Keinen Kontakt mit dem Arbeitgeber im Vorfeld:
   – *In Ihrer Anzeige vom ... suchen Sie eine/n ...*
   – *Mit großem Interesse habe ich Ihre Anzeige gelesen und möchte mich Ihnen als ... vorstellen.*

3. **Überleitung zum Hauptteil**
   Sie beschreiben eine berufliche Aufgabe, die mich besonders interessiert ...
   Ich bin ... und habe mit großem Interesse Ihre Anzeige gelesen.

4. **Hauptteil**
   Warum bewerbe ich mich? (Interesse, neue Herausforderung, Neugierde, Ortswechsel)
   Weshalb bin ich der/die passende und ideale Bewerber/in? (Persönliche Qualifikation, Motivation, Erfahrung, berufliche Ziele, Hobbys, besondere Qualitäten, Potenzial, Ausbildung)
   Welche Bezüge gibt es zwischen mir und dem Anforderungsprofil der Stelle?

   Nützliche Formulierungen:
   – *Durch meine Qualifikationen in den Bereichen/Feldern.../Durch meine Ausbildung zum ... bin ich besonders/in besonderer Weise für die vakante Position als ... geeignet/vorbereitet/qualifiziert.*
   – *Ich sehe die Position in Ihrem Unternehmen als konsequenten Schritt im Hinblick auf meine (berufliche/persönliche/wissenschaftliche/fachliche) Weiterentwicklung/beruflichen Ziele/berufliche Verwirklichung.*
   – *Die Position als ... in Ihrem Unternehmen entspricht (in besonderer Weise) meiner persönlichen Qualifikation/Motivation/Erfahrung.*

5. **Abschluss**
   Wenn meine Bewerbung Ihr Interesse geweckt hat, freue ich mich über eine Einladung zum Vorstellungsgespräch/persönlichen Gespräch/persönlichen Treffen.

6. **Verabschiedung**
   Mit freundlichen Grüßen, .../Mit freundlichem Gruß, .../Mit herzlichen Grüßen, ...

7 Wo die Liebe hinfällt

1 **Ergänzen Sie die Namen der Paare und ordnen Sie die Lebensdaten zu.**

1749–1832/
1765–1816

1810–1856/
1819–1896

1905–1969/
1908–1942

*1969/
*1970

*1973/
*1963

1938–1982/
*1935

2 Lebensdaten und Zeitgeschichte

a) Ergänzen Sie die Paare und Ereignisse auf dem Zeitstrahl.

Märzrevolution von 1848 – Teilung Deutschlands 1949 – Fall der Mauer 1989 – Weimarer Republik: erste demokratische Verfassung 1919 – Französische Revolution 1789 – Gründung Deutsches Kaiserreich 1871 – Wiener Kongress 1815 – Maastrichter Vertrag Europäische Union EU 1993

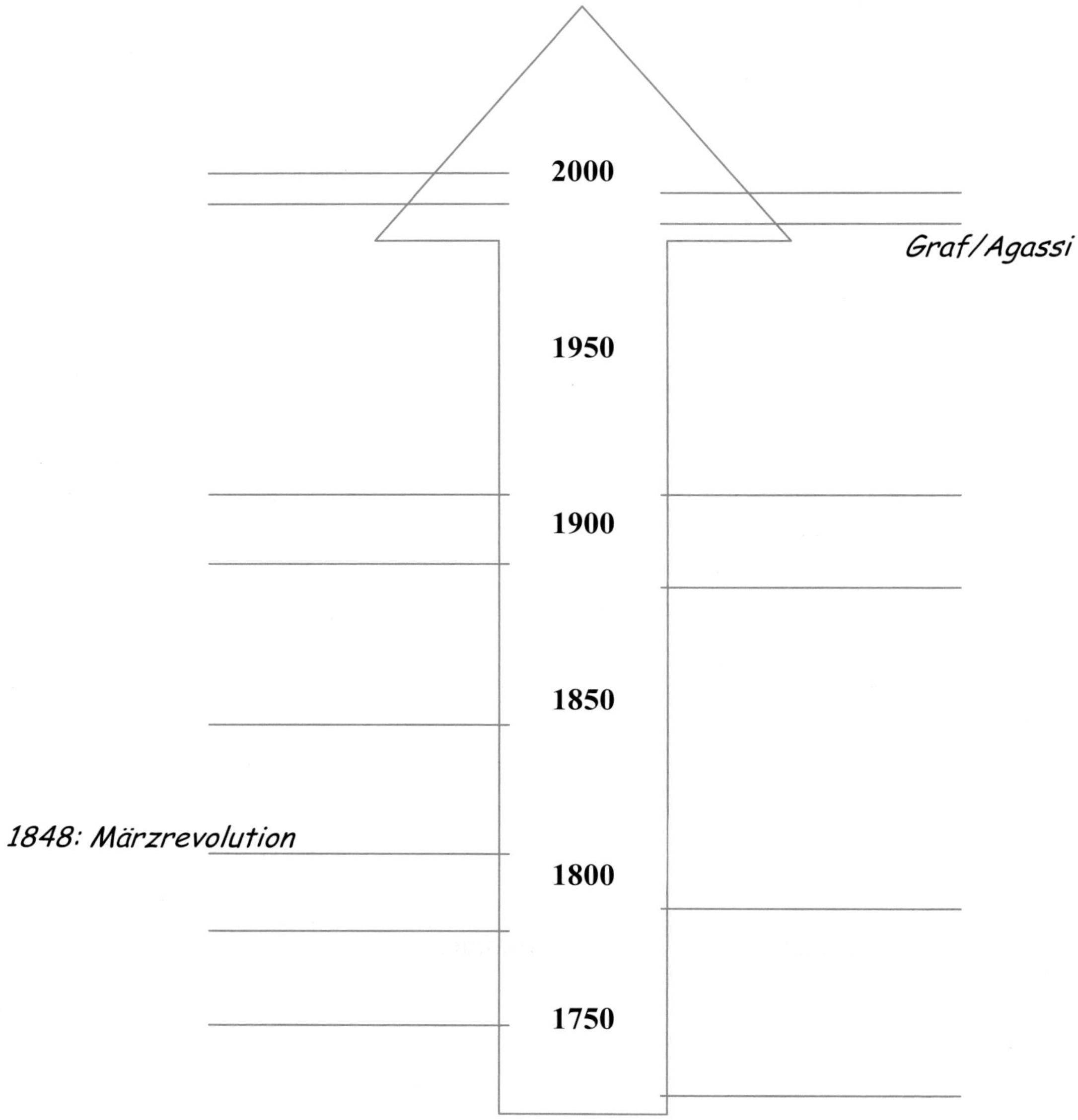

b) Recherchieren Sie weitere Ereignisse und Paare und tragen Sie sie auf dem Zeitstrahl ein. Tipp „Lebendiges Museum online“: www.dhm.de/lemo

Konnektoren

1 Ergänzen Sie die Konnektoren.

Hauptsatz + Hauptsatz | Hauptsatz + Nebensatz

Folge

Gegensatz

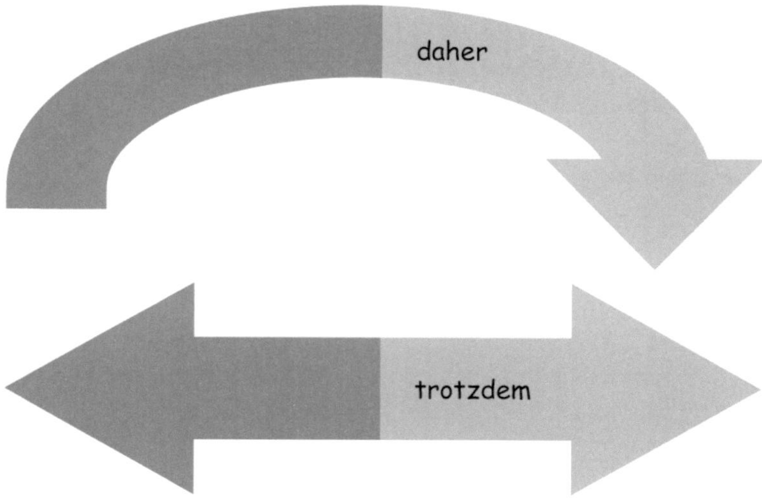

2 Formulieren Sie je einen Hauptsatz mit Hilfe der Argumente und der Konnektoren. Ihr/e Partner/in setze diese mit einem einem Haupt- oder Nebensatz fort. Korrigieren Sie anschließend gemeinsam.

Beispiel:
Sie: *Auch wenn man E-Books bequem zu Hause herunterladen kann, …*
Ihr/e Partner/in: …, *so macht das Stöbern im Buchladen mehr Spaß.*

Buch	E-Book
+ etablierte Formate – man muss in einen Laden gehen + kann man verleihen oder verschenken + keine technische Abhängigkeit, einfach zu bedienen – Umweltbelastung durch Papierherstellung – viel Lesestoff heißt viele Bücher: schwer zu transportieren	+ bequem Zuhause herunterladbar – inkompatible Soft- und Hardware – Abhängigkeit von Lizenzen – damit nicht verleih- oder verschenkbar – technische Abhängigkeit, Bedienung ist komplex – Umweltbelastung durch Elektroschrott, Stromgewinnung, Akkus + viel Lesestoff auf einem Medium: leicht zu transportieren

....

....

....

....

....

Test

1.9 **1 Märchen in der Diskussion. Hören Sie den Kommentar der Kinderpsychologin Jutta Laumann und beantworten Sie die Fragen.** /6 P.

1. Warum sind Märchen für Kinder wichtig?

a) Weil sie interessant sind, wie z. B. Harry Potter.
b) Weil Märchen Mut machen und Ängste überwinden helfen.
c) Weil Kinder mit Märchen schneller lernen.

2. Märchen …

a) muss man nicht lesen, denn man kann alles mit Hilfe der Bilder verstehen.
b) werden von Kindern nicht gerne gehört.
c) sprechen in Kindern Ängste, Hoffnungen und Emotionen an.

3. Was sehen Kinder normalerweise in bösen Figuren, wie z. B. Hexen, Wölfen und Stiefmüttern?

a) Reale Tiere und Menschen.
b) Böse Märchenfiguren.
c) Was sie im Alltag fürchten.

2 Wortverbindungen. Ergänzen Sie die passenden Verben. /6 P.

bringen – nehmen – anbieten – vermitteln – leiden – beginnen

1. jmdm. Hilfe	**4.** unter Depressionen ....
2. ein neues Leben	**5.** ein tragisches Ende ....
3. ein Kind zur Welt	**6.** in einem Konflikt ....

3 Präteritum. Ergänzen Sie die Verben im Präteritum. /10 P.

Es war einmal ein König und eine Königin, die schon lange Zeit sehr traurig ....[1] (sein), weil sie keine Kinder ....[2] (haben). Eines Tages, als die Königin gerade im See ....[3] (baden), ...[4] (kommen) ein Frosch und ....[5] (sprechen): „Liebe Königin, sei nicht länger traurig. Du wirst schon bald ein Kind bekommen.“ Und tatsächlich: Was der Frosch gesagt hatte, ...[6] (werden) wahr: Eine Prinzessin wurde geboren. Der König ....[7] (geben) ein großes Fest zur Geburt und alle ....[8] (feiern) bis die 13. Fee auf das Fest ....[9] (kommen). Dann ....[10] (passieren) etwas Schreckliches …

4 **Adjektivdeklination. Lesen Sie den Text und ergänzen Sie die Adjektivendungen.** /4 P.

Mittelalterliche Hochzeit auf der Eckartsburg

Es soll ein ganz besonder...... Tag in mittelalterlich...... Tradition werden? Dann ist die Eckartsburg ein ideal...... Ort für Ihre Hochzeit. Oberhalb der Stadt Eckartsberga gelegen, wurde die eindrucksvoll...... Anlage der Eckartsburg 1134 erstmals urkundlich erwähnt. Die alt...... Mauern bieten eine traumhaft...... Idylle für den großen Tag. Herrlich...... Natur, märchenhaft...... Atmosphäre und ein festliches Rittermahl machen diesen Tag unvergesslich! Sprechen Sie uns an: www.eckartsburg.de

5 **Plusquamperfekt. Lesen Sie die Sätze. Was passiert zuerst [1], was danach [2]? Schreiben Sie Sätze.** /6 P.

Beispiel:
[2] Ich bestelle einen Wein. [1] Ich finde einen Platz in der Kneipe.
Nachdem ich einen Platz in der Kneipe gefunden hatte, bestellte ich einen Wein.

1. ☐ Ich packe meine Sachen. ☐ Ich fahre zum Bahnhof.

....

2. ☐ Erika trinkt Kaffee mit ihrer Mutter. ☐ Sie bäckt einen Kuchen.

....

3. ☐ Ich ziehe mich um. ☐ Ich komme von der Arbeit nach Hause.

....

6 **Temporale Konjunktionen. Was passt nicht? Streichen Sie durch und schreiben Sie die Sätze.** /18 P.

Beispiel:
Franz Josef sah Sissi zum ersten Mal. In diesem Moment verliebte er sich in sie.
Franz Josef verliebte sich in Sissi, sobald/~~bevor~~ er sie zum ersten Mal sah.

1. Elisabeth hat einen Sohn zur Welt gebracht. Vorher hatte sie schon zwei Töchter.

Elisabeth hatte schon zwei Töchter, bevor/nachdem ....

2. Ödön von Horváth studierte Germanistik. Während dieser Zeit lebte er in München.

Ödön von Horváth studierte Germanistik, solange/sobald ....

3. Horváth beendete sein Studium. Danach schrieb er seine ersten Texte.

Ödön von Horváth schrieb seine ersten Texte, wenn/nachdem ....

4. Wir waren in Wien angekommen. In diesem Moment fing es an zu regnen.

Es fing an zu regnen, ehe/sobald ....

2 Mein gutes Recht

Test

1 1.11 **Rechte und Pflichten im Alltag. Hören Sie die Interviews und ordnen Sie a) bis k) den jeweiligen Personen zu. Manchmal gibt es mehrere Möglichkeiten.** **/10 P.**

Frau Becker	Herr Weinert	Herr Karpf	Frau Aksu	Herr Röhnert	Frau Röhnert
e, i	k, h, d	a, f	g, b, c, i	j, i	a,

a) Erziehung der Kinder
b) Geld spenden
c) Engagement beim BUND
d) Planung der UNICEF-Aktivitäten
e) Unterstützung eines Theaterprojekts
f) sich an die Gemeinschaftsregeln halten
g) Hilfe für notleidende Menschen
h) Organisation der Informationsabende
i) sich an das deutsche Rechtssystem halten
j) Organisation der Kulturangebote für ältere Menschen
k) Ehrenamtliche Arbeit bei UNICEF

2 **Kleine Wörter – große Wirkung. Ergänzen Sie *von, in, pro, zu, auf, vor*.** **/6 P.**

1. Meine Schwester macht gerade eine Babypause .... drei Jahren.
2. Ich soll ab Oktober 550 Euro .... Semester bezahlen.
3. Ich habe doch aber ein Recht .... Bildung.
4. Mein Bruder ist 13. Er ist noch .... jung, um ein Auto zu fahren.
5. Viele Arbeitnehmer müssen einen Teil des Gehalts .... die Rentenkasse einzahlen.
6. Alle Menschen sind .... dem Gesetz gleich.

3 **Synonyme und Antonyme. Ergänzen Sie die Wörter.** **/5 P.**

unverletzlich – gleichberechtigt – ehrenamtlich – Verpflichtung – ungehindert	notleidend – Gerechtigkeit – Gleichberechtigung – benachteiligt – wirkungslos

Synonyme

1. unantastbar = ...
2. Pflicht = ...
3. ungestört = ...
4. gleichgestellt = ...
5. unbezahlt = ...

Antonyme

1. zufrieden und satt ≠ ....
2. Ungleichheit ≠ ....
3. effektiv ≠ ....
4. Unrecht ≠ ....
5. bevorzugt ≠ ....

4 Wortverbindungen. Welches Verb passt nicht? Streichen Sie durch. /6 P.

1. Wir möchten unbedingt einen Ehevertrag darstellen/schließen.
2. Du musst umgehend eine Entscheidung treffen/holen.
3. Man muss nicht um Erlaubnis bitten/sagen, wenn man ein Konto aufmachen/eröffnen möchte.
4. Jeder Mensch in Deutschland kann einem Verein beitreten/gründen.
5. Schauen Sie in Ihren Mietvertrag, bevor Sie rechtliche Schritte vorgehen/einleiten.

5 Infinitiv Perfekt. Schreiben Sie die Sätze zu Ende. /5 P.

1. Shirine gab zu, nie einen Gedanken über die Grundrechte .... (verlieren).
2. Shirine erinnert sich, als Kind viel mit anderen Kindern .... (spielen).
3. Sie erinnert sich auch, als Kind nie viele Fragen .... (stellen).
4. Arno Funke bedauert heute, den falschen Weg .... (gehen).
5. Er behauptet, wegen Zukunftsängsten kriminell .... (werden).

6 Arbeitsrecht. Lesen Sie den Text. Richtig oder falsch? Kreuzen Sie an. /8 P.

Sind private Telefonate ein Kündigungsgrund?
Viele Angestellten führen private Telefongespräche am Arbeitsplatz: Der kurze Anruf beim Friseur, ein Gespräch mit der Familie oder die Terminabsprache mit der Arztpraxis werden oft vom Büro aus erledigt. Wie das Landesarbeitsgericht Hamm festgestellt hat, können private Telefonate am Arbeitsplatz Grund für eine fristlose Kündigung sein. Um Streitigkeiten vorzubeugen, haben viele Unternehmen festgelegt, wie solche Telefonate abzurechnen und wann sie erlaubt sind. Häufig müssen Arbeitnehmer eine bestimmte Nummer vorwählen, und die Gebühren werden dann mit dem monatlichen Gehalt verrechnet.

Abmahnung oder Kündigung?
Doch manche Mitarbeiterinnen und Mitarbeiter finden ein solches Verfahren lästig. Sie halten sich nicht an die Regeln und rufen den gewünschten Gesprächspartner direkt an. In diesem Fall sieht das Gericht eine Verletzung der Loyalität und des Vertrauens des Arbeitgebers. Ob dies aber bereits zu einer fristlosen Kündigung berechtigt, hängt von den Einzelheiten des jeweiligen Falles ab. Denn manchmal reicht schon eine Abmahnung von der Seite des Arbeitgebers.

Besser vorher nachfragen
Doch darauf sollte man sich nicht verlassen. Empfehlenswert ist, sich gut zu informieren und gegebenenfalls bei den Kollegen nachzufragen, wie das private Telefonieren im Unternehmen geregelt ist. Einige Unternehmen regeln Privatgespräche bereits im Arbeitsvertrag. Wer sich unsicher ist, sollte es ganz lassen und lieber das eigene Handy benutzen.

	richtig	falsch
1. Jeder darf bei der Arbeit kurze private Telefonate führen.	☐	☐
2. Wenn sich ein Angestellter nicht an die Regeln hält, erhält er eine fristlose Kündigung.	☐	☐
3. Man kann mit dem Arbeitgeber eine Vereinbarung treffen, wie und wann am Arbeitsplatz telefoniert werden darf.	☐	☐
4. Das Vorgehen für Privatgespräche ist oft im Arbeitsvertrag geregelt.	☐	☐

Test

1 Mediennutzung. Ergänzen Sie die fehlenden Buchstaben in den Wörtern. **/10 P.**

1. Ohne Computer ist unser Alltag unvorstellbar. Er ist ein wichtiges Kommunikationsmedium und hat zahlreiche Anwendungen. Skype nutzt man zum Beispiel zum kostenlosen Tele_ _ _ _ _ _ _ _[1] über das In_ _ _ _ _ _[2] und zum Chatten. Bei Wikipedia da_ _[3] jeder mitschreiben und die Artikel kö_ _ _ _[4] von allen kor_ _ _ _ _ _ _[5] werden. A_ _[6] YouTube kann man pri _ _ _ _[7] Videos hochl_ _ _ _[8]. Moderne Computersp_ _ _ _[9] vern_ _ _ _ _[10] Spieler weltweit. Facebook, StudiVZ und Xing gehören zu den meist benutzten sozialen N_ _ _ _ _ _ _ _ _[11]. Dort kann man neue Freunde kennen lernen und berufliche Kontakte knüpfen.
2. Das Handy gehört heutzutage zum Alltag fast aller Deutscher. Das Ge_ _ _[1] verfügt über zahlreiche Fu_ _ _ _ _ _ _ _[2]: Man kann damit nicht nur te_ _ _ _ _ _ _ _ _ _[3], sondern auch Fo _ _ _[4] machen, M_ _ _ _[5] hören und downloaden, spielen, Nachr_ _ _ _ _ _[6] verse _ _ _ _[7] und sogar im Internet sur_ _ _[8] und navi_ _ _ _ _ _[9]. Keiner geht ohne sein Handy aus dem Haus!

2 Aus Verben Nomen machen. Ergänzen Sie die Nomen mit Artikel. **/6 P.**

Beispiel: flexibel – die Flexibilität

1. telefonieren – ....
2. informieren – ....
3. unterhalten – ....
4. nutzen – ....
5. mailen – ....
6. spielen – ....

3 Beantworten Sie die Fragen mit *um ... zu*. **/4 P.**

1. Wozu nutzt man Skype? (mit Freunden telefonieren, chatten)
Man nutzt Skype, ...
2. Wozu braucht man ein Handy? (Nachrichten schicken, Fotos machen)
Man braucht ein Handy, ...
3. Warum nutzt man Wikipedia? (sich informieren, einen Artikel schreiben)
Man nutzt Wikipedia, ...
4. Warum hast du dich bei Facebook registriert? (in Kontakt bleiben, neue Leute finden)
Ich habe mich registriert, ...

4 Facebook. Lesen Sie den Text. Sind die Aussagen richtig oder falsch? Kreuzen Sie an.

/5 P.

Alibi* durch Facebook-Eintrag

Ein Facebook-Eintrag hat einen 19-jährigen New Yorker vor dem Gefängnis gerettet. Zwölf Tage lang saß Rodney Bradford in Untersuchungshaft. Er wurde verdächtigt, zwei Menschen ausgeraubt zu haben, und zwar in einem Mehrfamilienhaus in Brooklyn, in dem der Jugendliche wohnt. Bradford behauptete, dass er unschuldig ist. Auch Zeugen sagten aus, dass er zum Zeitpunkt, als die Tat begangen wurde, in der Wohnung seines Vaters in Harlem gewesen ist. Zu seinem Glück surfte er während dieses Besuchs im Internet. Eine Minute vor dem Raub verfasste Bradford auf seiner Facebook-Seite einen Eintrag: Er fragte seine Freundin, wo seine Pfannkuchen sind. Weil Facebook bestätigen konnte, dass der Eintrag tatsächlich auf einem Computer im Haus von Bradfords Vater verfasst worden war, stellte die Staatsanwaltschaft die Ermittlungen gegen den jungen Mann ein und ließ ihn gehen.

Alibi, das: der Nachweis, dass jemand zur Zeit eines Verbrechens nicht am Tatort war und somit nicht der Täter sein kann

	richtig	falsch
1. Rodney Bradford raubte ein Haus aus.		
2. Der Vater von Rodney Bradford besitzt einen Computer.		
3. Die Freundin von Rodney Bradford bestätigte sein Alibi.		
4. Als Rodney seinen Vater besuchte, surfte er im Internet.		
5. Facebook bestätigte den Eintrag von Rodney.		

5 Wortverbindungen und Anrufbeantworter. Ergänzen Sie.

/5 P.

Guten Tag, hier ....[1] Anton Weber. Ich rufe ....[2] Ihrer Bestellung vom 17. 11. an. Ich bitte Sie dringend ....[3] Rückruf ....[4] 0176/984027450. Vielen Dank und auf ....[5].

6 Werten Sie die Grafik aus und kommentieren Sie sie. Vergleichen Sie mit Ihrer eigenen Mediennutzung.

/10 P.

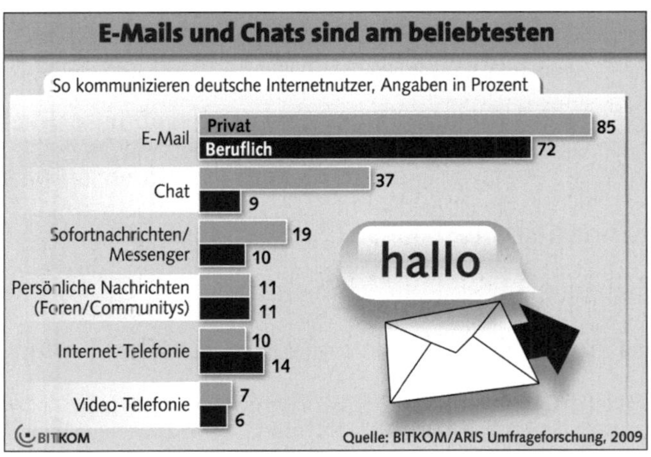

....

....

....

....

....

....

....

....

....

4 Einfach lecker?!

Test

1.22

1 Hören Sie das Radiofeature zum Thema „Essen". Sind die Aussagen richtig oder falsch? Kreuzen Sie an. /5 P.

	richtig	falsch
1. Die traditionelle deutsche Küche wird wieder populär.	☐	☐
2. Der Durchschnittsdeutsche braucht für das Mittagessen eine halbe Stunde.	☐	☐
3. Viele Menschen essen vor dem Fernseher oder im Auto.	☐	☐
4. Pizza und Dosensuppe gehören zur traditionellen deutschen Küche.	☐	☐
5. In einem Hofladen gibt es Hühner aus Massentierhaltung.	☐	☐

2 Textzusammenfassung. Ergänzen Sie die Texte. /10 P.

a) warmes – b) geht – c) Eröffnung – d) Unterstützung – e) Fitnessprogramm – f) dick
g) informiert – h) Ernährungsberatung – i) deutschen – j) Mitglieder

1. In dem Artikel „Deutschland soll fit werden" ....[1] es um ein millionenschweres ....[2] der Bundesregierung. 66 % der ....[3] Männer und 51 % der Frauen sind zu ....[4]. Deshalb werden im nächsten Jahr zehn Millionen Euro für Sportprogramme, besseres Schulessen und ....[5] ausgegeben.

2. Der Artikel „Kinderküche" ....[6] über die ....[7] einer Kinderküche in Berlin. Nach der Schule bekommen dort bedürftige Kinder ein ....[8] Essen und ....[9] bei Hausaufgaben. Die ....[10] des Vereins arbeiten freiwillig.

3 Partizip I. Ergänzen Sie den Text mit den Partizip I-Formen. /9 P.

Gestern erschien in der Wochenzeitung ein ....[1] (schockieren) Artikel zum Thema „Ernährung in der Schule". Die Situation ist ....[2] (erschrecken). Viele der etwa zwei Millionen Ganztagsschüler gehen mittags nicht in die Kantine, sondern lieber zur Imbissbude oder zum nahe ....[3] (liegen) Bäcker, so die Ergebnisse einer bundesweiten Studie. Die Tendenz ist ....[4] (steigen). Einige Schüler und Eltern finden die Preise ....[5] (abschrecken), die bei ca. 2,50 Euro liegen. Häufig sind es aber das schlecht ....[6] (schmecken) Essen, die schlecht ....[7] (riechen) Räume und die ....[8] (fehlen) Auswahl, die sie davon abhalten, in der Kantine zu essen. Die finanziellen Mittel sind für eine Verbesserung der Situation nicht ....[9] (ausreichen).

4 **Fehlerkorrektur. Ein Freund bittet Sie, seine E-Mail zu korrigieren. Es gibt in jeder Zeile einen Fehler in der Satzstellung. Korrigieren Sie.** /9 P.

E-Mail - Nachricht

Senden | Attach as Adobe PDF | Optionen...

An... Vanessa

Liebe Vanessa,

ich war dieses Wochenende in Hamburg. Dort ich habe einen Studienfreund besucht. Am Sonntag er wollte mich überraschen und zeigte mir eine Konditorei, die heißt „sweet dreams". Als wir dort ankamen, eine große Schlange war vor der Tür. Das fand ich bei den Temperaturen komisch. Dachte ich, dass mein Freund es nicht ernst meint, als wir uns hingestellt am Ende der Schlange haben. Aber war das sein Ernst! Wir mussten etwa 20 Minuten halten aus, aber es hat sich gelohnt! Die Torte, die wir haben dort gekauft, hat uns sehr gut geschmeckt!!! Noch nie in meinem Leben ich habe eine solche fantastische Torte gegessen. Schade, dass du nicht dabei warst!

Liebe Grüße
Sebastian

Zeile

1 *habe ich* ....

2 ....

3 ....

4 ....

5 ....

6 ....

7 ....

8 ....

9 ....

10 ....

5 **Eine Telefonbestellung. Ergänzen Sie die Wörter.** /7 P.

Feier – aufgeben – bestellen – Anlass – liefern – Lieferumfang – Rechnung

- ▪ Blumenbestellservice Eggers, guten Tag. Was kann ich für Sie tun?
- • Guten Tag. Mein Name ist Roth. Ich möchte eine Blumenbestellung ....[1].
- ▪ Gerne. Für welchen ....[2] und welche Blumen sollen es sein?
- • Für eine Silberne Hochzeit. Ich möchte weiße und rote Rosen für die Tischdekoration ....[3].
- ▪ Gerne. Wann ist die Veranstaltung und wie viele Tische sind geplant?
- • Die ....[4] ist am 13. Dezember um 20 Uhr im Restaurant „Rosenkeller". Wir haben 20 Gäste, das sind etwa fünf runde Tische.
- ▪ Am 13. Dezember beliefern wir eine Hochzeit, wir müssten daher die Blumen am Vorabend ....[5]. Ist das für Sie in Ordnung, Herr Roth?
- • Gut. Was würde es kosten und was ist im ....[6] enthalten?
- ▪ Hm, Moment, fünf große Blumengestecke würden etwa 80 Euro kosten.
- • Ja, ok. Die ....[7] schicken Sie bitte mit den Blumen zusammen.
- ▪ Machen wir. Vielen Dank und auf Wiederhören.

Test

2.4 **1** **Urlaub im Nationalpark. Hören Sie die drei Interviews zweimal. Was ist richtig? Kreuzen Sie an. Manchmal gibt es zwei richtige Antworten.** **/10 P.**

1. Warum unterstützt Frau Kogler das Projekt Nationalpark?
   a) 95 Prozent ihrer Gäste arbeiten im Wald.
   b) Der Nationalpark gehört zu der Region und zieht Touristen an.
   c) Das Projekt zieht Touristen an und bringt allen Geld.

2. Das Hotel von Frau Kogler …
   a) bietet den Gästen Schulungen im Bereich Naturschutz an.
   b) organisiert Fahrten und Wanderungen in den toten Wald.
   c) informiert Gäste über die Möglichkeiten der Tierbeobachtung im Nationalpark.

3. Warum sollte man auf dem Hof von Frau Leitner Urlaub machen?
   a) Ihr Hof liegt in der Nähe vom Nationalpark.
   b) Es gibt viele Freizeitangebote auf dem Hof.
   c) Der Hof ist besonders für große Familien geeignet.

4. Warum fahren Herr Scholz und Frau Birkner mit den Kindern in den Bayerischen Wald?
   a) Man verbringt im Sommer und im Winter die ganze Zeit draußen.
   b) Das Essen ist sehr gut, weil viele Produkte direkt auf dem Hof produziert werden.
   c) Es gibt viele Möglichkeiten für Kinder, neue Lebensmittel zu probieren.

2 **Der erste Nationalpark Deutschlands. Ergänzen Sie den Text.** **/7 P.**

Fläche – Eröffnung – Tierwelt – Pflanzenarten
Höhenunterschiede – Südosten – Klima

Die ....[1] des ersten deutschen Nationalparks wurde am 7. Oktober 1970 in Bayern gefeiert. Der Nationalpark Bayerischer Wald befindet sich im ....[2] Deutschlands. 1997 wurde er von 118 auf jetzt insgesamt 243 Quadratkilometer ....[3] erweitert. Das ....[4] mit langen und schneereichen Wintern und ....[5] von 600 bis 1453 m haben eine charakteristische ....[6] hervorgebracht. Der Nationalpark beherbergt 700 ....[7] und 45 heimische Tierarten.

3 Satzglieder

a) Markieren Sie die Satzglieder und ihre Kerne wie im Beispiel. **/9 P.**

Die umgeworfenen Bäume	(bieten)	vielen Vögeln des Waldes
einen idealen Lebensraum.		

1. Deutschland zählt zu den waldreichen Ländern.
2. Der Wald hat eine Schutz- und Erholungsfunktion im dicht besiedelten Deutschland.
3. Im Nationalpark geht die Natur ihre eigenen Wege.
4. Der Nationalpark bietet viele Möglichkeiten zur Beobachtung.
5. Durch sein großes Angebot ist der Nationalpark ein Touristenmagnet.
6. Es bedarf vieler weiterer Naturschutzprojekte in Deutschland.

b) Ordnen Sie die Sätze zu. **/6 P.**

a) ☐ Präp. + Akk. + Verb + Nom. + Akk.
b) ☐ Nom. + Verb + Akk. + Präp. + Dat.
c) ☐ Nom. + Verb + Gen. + Präp. + Dat.
d) ☐ Nom. + Verb + Akk. + Präp. + Dat. + Gen.
e) ☐ Nom. + Verb + Präp. + Dat. + Gen.
f) ☐ Präp. + Dat. + Verb + Nom. + Akk.

4 Wortverbindungen. Ergänzen Sie die Verben in der richtigen Form. **/8 P.**

bieten – geben – haben – einsetzen – gründen – leisten – anpassen – sein

1. Der Bayerische Nationalpark ....[1] ein Lebensraum für viele Tiere.
2. Ein Ranger hat uns über diesen Park Auskunft ....[2].
3. Deutschland ....[3] eine Fläche von 357 km^2.
4. Heinz Sielmann hat einen wichtigen Beitrag zur Tierforschung ....[4].
5. Der Naturschutzbund Deutschland e. V. (NABU) wurde 1899 ....[5].
6. Die von einem Sturm umgeworfenen Bäume ....[6] Schutz für Insekten und Vögel.
7. Die Wölfe müssen sich an die neue Lebensräume ....[7].
8. Viele Forscher .... sich für die Erhaltung der Lebensräume für die bedrohte Tierwelt ....[8].

6 Viel Arbeit

Test

2.10

1 Checkliste Online-Bewerbung. Hören Sie das Interview. Was ist richtig? Kreuzen Sie an. Manchmal gibt es zwei richtige Antworten. /8 P.

1. Was muss man bei der Bewerbung per E-Mail beachten?
a) Eine große Rolle spielt die E-Mail-Adresse des Bewerbers. ☐
b) Man sollte speziell für die Bewerbung eine E-Mail-Adresse einrichten. ☐
c) Die meisten E-Mail-Bewerbungen landen in Spam-Filtern. ☐

2. Soll man bei der Online-Bewerbung alle Zeugnisse beilegen?
a) Es ist gut, wenn alle Zeugnisse bei der Online-Bewerbung beiliegen. ☐
b) Zeugnisse spielen bei der Online-Bewerbung keine Rolle. ☐
c) Die Zeugnisse schickt man erst, wenn der Arbeitgeber danach fragt. ☐

3. Was muss man beim Ausfüllen von Online-Formularen vieler Unternehmen beachten?
a) Die Online-Formulare sollte man sorgfältig aber schnell ausfüllen. ☐
b) Solche Formulare sind noch eine Seltenheit. Besser schickt man eine Bewerbung per E-Mail. ☐
c) Man sollte sich Zeit nehmen und die Formulare mit Sorgfalt ausfüllen. ☐

2 Nomen-Verb-Verbindungen

a) Welches Verb passt nicht? Streichen Sie durch. /6 P.

Beispiel: Dieser Job kommt/~~passt~~ für mich nicht in Frage.

1. Das Problem steht/liegt doch auf der Hand!

2. Der Familienstand ist/spielt bei der Bewerbung keine Rolle.

3. Gute Zeugnisse suchen/finden Beachtung bei der Jobsuche.

4. Unser Experte steht/behält Ihnen bei Fragen zur Verfügung.

5. Unser neue Kollege hat einen großen Beitrag zu diesem Geschäft geleistet/gehalten.

6. Jeder ist/hat Verantwortung für seinen beruflichen Erfolg.

b) Ordnen Sie die Nomen-Verb-Verbindungen aus a) zu. /9 P.

Beispiel: möglich sein = in Frage kommen

a) beachtet werden = ...

b) verfügbar sein = ...

c) unwichtig sein = ...

d) klar/offensichtlich sein = ...

e) etw. beitragen = ...

f) verantwortlich für etw./jmd. sein = ...

3 **Was gehört zum Lebenslauf und was zu einem Bewerbungsschreiben? Sortieren Sie in der richtigen Reihenfolge.** **/7 P.**

Besondere Kenntnisse und Fähigkeiten – Motivation – Gegenwärtige Tätigkeit
Hochschulbildung – Grußformel – Unterschrift – Persönliche Daten
Berufserfahrung – Praktikum – Betreffzeile – Ort und Datum – Anrede
Einleitung – Bewerbungsfoto

Lebenslauf	**Bewerbungsschreiben**
1.	1. ....
2.	2. ....
3.	3. ....
4.	4. ....
5.	5. ....
6.	6. ....
7.	7. ....

4 **Wählen Sie eine Stellenanzeige aus und schreiben Sie ein Bewerbungsschreiben. Nutzen Sie dafür ein seperates Blatt.** **/10 P.**

Keim + Partner:
Möbel mit hoher Qualität und Individualität

Für unser Einrichtungshaus in
71994 Kernen suchen wir

Küchen- und Einrichtungsberater.

Sie sind der/die Topverkäufer/in mit kaufmännischer Ausbildung und Berufserfahrung und suchen eine anspruchsvolle Tätigkeit. Sie sind ein kreativer und organisierter Mensch und besitzen Einfühlungsvermögen gegenüber Kunden.
Wir freuen uns auf Ihre Bewerbung!

Modehaus Aquamarin
Mode für Mutter und Kind

sucht zum nächstmöglichen Zeitpunkt eine/n junge/n und freundliche/n Verkäufer/in mit erster Erfahrung im Verkauf. Kenntnisse im Umgang mit Kindern und im Dekorieren sind von Vorteil. Sie sind kreativ, fleißig, teamfähig und flexibel?
Dann freuen wir uns auf Ihre Bewerbung.

....

....

....

....

....

....

....

Test

2.14 **1 Hören Sie einen Auszug aus der Festrede von Frau Gläser. Richtig oder falsch? Kreuzen Sie an.** /8 P.

	richtig	falsch
1. Der Anlass des Festes ist der 200. Geburtstag von Goethe.		
2. Goethes Roman „Die Wahlverwandtschaften" erschien am 11. April 1808.		
3. Man kann den Roman keiner literarischen Epoche genau zuordnen.		
4. Die Hochzeit von Baron Eduard und Charlotte war ein Skandal.		
5. Eduard und Charlotte lebten auf dem Land.		
6. Otto und Ottilie waren verwandt.		
7. Charlottes und Eduards Kind ertrank im See.		
8. Kurz nach Ottilies Tod starb auch Eduard.		

2 Konjunktiv I. Unterstreichen Sie die indirekte Rede im Kommentar. /6 P.

Sebastian Schipper sagte im Interview, dass es kaum zu glauben sei, dass Goethe solche leise Töne anschlagen kann. Die Genauigkeit seines Erzählens sei beeindruckend und faszinierend. Bei Goethe denke man doch erstmal an Faust. Sein Film „Mitte Ende August" sei eine klassische und romantische Geschichte, er gäbe den Schauspielern die Möglichkeit, miteinander zu spielen. Und Herr Schipper ergänzte, Marie Bäumer sei eine tolle Schauspielerin.

3 Satzglieder. Erweitern Sie die Sätze mit Satzgliedern aus dem Kasten. /10 P.

heute Nachmittag – auf Englisch – zur Begrüßung – in der Bibliothek – im Park
abends – vor einer Woche – interessiert – im Wohnzimmer – wegen meiner Schwester
in der Öffentlichkeit – wegen des schlechten Wetters

Beispiel: Ich gehe nicht spazieren. –
Ich gehe heute wegen des schlechten Wetters nicht im Park spazieren.

1. Im Kaufhaus ist es voll.

....

2. Matthias schreibt einen Brief.

....

3. Ich habe mit meiner Mutter telefoniert.

....

4. Alexander liest einen Roman.

....

5. Ein Pärchen küsst sich.

....

4 **Wortverbindungen. Ergänzen Sie die Wörter aus dem Kasten in der richtigen Form.** **/6 P.**

Abwechslung – fühlen – nehmen – finden – ähnlich – Ende

1. Ich erzähle dir, wie dein Vater und ich zu einander .... haben.
2. Seit dem ersten Moment unseres Treffens .... wir uns zueinander hingezogen.
3. Stimmt es, dass mein Mann und ich uns .... sehen?
4. Nach dem Unfall .... das Unheil seinen Lauf.
5. Wann findet diese schreckliche Geschichte ein ....?
6. Manchmal wünsche ich mir schon mehr .... in meinem Bürojob.

5 **Eindrücke beschreiben. Sehen Sie sich das Bild an. Wie ist Ihr erster Eindruck? Welche Stimmung und Atmosphäre vermittelt das Bild? Schreiben Sie einen Text.** **/10 P.**

....

....

....

....

....

....

....

....

....

....

....

....

....

Test

2.18

1 Hören Sie einen Ausschnitt aus der Talkrunde „Die Jugend liest nicht mehr?!“. Was ist richtig? Kreuzen Sie an. /8 P.

1. Die Frankfurter Buchmesse ...
   a) hat dieses Jahr mehr Besucher als das Jahr zuvor. ☐
   b) hat überwiegend ein junges Publikum. ☐
   c) ist auch dieses Jahr gut besucht. ☐
2. Justus Berger …
   a) studiert in Karlsruhe Germanistik ☐
   b) liest genauso gerne wie seine Freunde. ☐
   c) liest nur, um das Abitur zu bestehen. ☐
3. Die Tochter von Herrn Karsick …
   a) ist ein Facebook-Fan. ☐
   b) hat noch nie eine Zeitung abonniert. ☐
   c) liest gerne Bücher im Internet. ☐
4. In der Talkrunde …
   a) diskutieren vier Personen über das Thema. ☐
   b) unterbricht der Moderator ständig alle Gäste. ☐
   c) wird über das E-Book diskutiert. ☐

2 Gegensatz und Folge. Verbinden Sie die Sätze mit *obwohl*, *trotzdem*, *deshalb* oder *aber*. /10 P.

1. Ich lese gerne. Meistens habe ich dafür keine Zeit.

   ....

2. Ich habe nicht so viel Geld. Ich kaufe mir teure neue Schuhe.

   ....

3. Ich bin oft unpünktlich. Mein Chef ist unzufrieden.

   ....

4. Ich habe gute Zeugnisse. Ich bekomme keine Arbeit.

   ....

5. Ich arbeite Tag und Nacht. Das Geld reicht nicht für eine weite Reise.

   ....

3 Satzverbindungen. Ergänzen Sie *trotz*, *infolge*, *zwar... aber*, *so... dass*, *deshalb*. /5 P.

1. .... des schlechten Wetters gehen wir wandern und bleiben nicht im Hotel.
2. Ich habe .... keine Zeit, ... wegen dieses Gesprächs bleibe ich.
3. Die Sonne geht gleich runter, ... wird es so kalt.
4. .... dieses schrecklichen Sturms wurden viele Menschen obdachlos.

5. Ich möchte .... gern in Deutschland studieren, ... ich bereit bin, jeden Tag 10 Stunden Deutsch zu lernen.

4 Indefinitpronomen. Was passt nicht? Streichen Sie. /3 P.

1. Irgendwer/Irgendwas hat mein Fahrrad gestohlen!
2. Hier liegt irgendwie/irgendwas. Oh, das ist ja der Schlüssel, den ich schon ewig suche!
3. Wer lässt denn irgendwie/irgendwelche Bücher am Flughafen liegen?

5 Lesen Sie den Text „Zehn goldene Vorlese-Regeln". Sind die Aussagen a) – g) richtig oder falsch? Kreuzen Sie an. /14 P.

Sie sind auf der Suche nach einem passenden Vorlesebuch? Ob Kinderbuchklassiker oder Neuerscheinung: Die „Zehn goldenen Vorlese-Regeln" bieten Ihnen viele Anregungen, wie Sie Ihre persönliche Vorlesestunde gestalten können!

Die zehn goldenen Vorlese-Regeln

1. Suchen Sie sich einen ruhigen, angenehmen Ort, an dem Sie mit den Kindern gemütlich und bequem sitzen können.
2. Wählen Sie einen günstigen Augenblick zum Vorlesen. Versuchen Sie, das Lesen im Alltag zu ritualisieren und gehen Sie auf die spontanen Bedürfnisse der Kinder ein.
3. Richten Sie sich bei der Auswahl der Bücher nach dem Alter der Kinder: großflächige Bilderbücher für die Jüngsten – längere Vorlesegeschichten, auch als Fortsetzungs-Geschichten über mehrere Tage, für die Älteren. Achten Sie auch auf klare Schriftbilder.
4. Bringen Sie Abwechslung ins Vorlesen und Erzählen: Wählen Sie mal fantastische Geschichten, mal lustige Sprachspiele, mal Sachbücher, mal Märchen.
5. Haben Sie Geduld: Betrachten Sie Zwischenfragen nicht als Störung, sondern als willkommene Anregung. Lassen Sie sich beim Vorlesen und Erzählen auf die Fantasie und die Bemerkungen der Kinder ein.
6. Sprechen Sie mit den Kindern über die Geschichte während und nach der Lektüre des Buches.
7. Lassen Sie auch die Kinder Bücher auswählen, und versuchen Sie, auch wenn Sie ein und dasselbe Buch immer wieder vorlesen sollen, den Wunsch zu akzeptieren.
8. Seien Sie ein Vorbild. Je häufiger Sie sich selbst mit Büchern beschäftigen, desto leichter werden die Kinder den Zugang zu Büchern finden.
9. Vermeiden Sie das „Runterleiern", denn Kinder spüren, wenn Sie mit den Gedanken nicht dabei sind.
10. Versuchen Sie nicht, Fernsehen und Bücher gegeneinander auszuspielen. Bücher zu beliebten Fernsehsendungen können ein guter Einstieg zum Vorlesen und Erzählen sein.

	richtig	falsch
a) Die Kinder sollen auch selbst Bücher zum Vorlesen auswählen können.		
b) Man muss feste Zeiten beim Vorlesen einplanen.		
c) Für die Kleinsten sollte man Geschichten mit Fortsetzung auswählen.		
d) Die Kinder sollen beim Vorlesen nicht unterbrechen.		
e) Die Geschichten sollte man nach dem Vorlesen besprechen.		
f) Als Belohnung für das Zuhören gibt es Fernsehen.		
g) Man sollte den Kindern verschiedene Arten von Büchern vorlesen.		

Lösungen zu den Tests

1 Märchen

1 1. b) – 2. c) – 3. c)

2 1. jmdm Hilfe anbieten – 2. ein neues Leben beginnen – 3. ein Kind zur Welt bringen – 4. unter Depressionen leiden – 5. ein tragisches Ende nehmen – 6. in einem Konflikt vermitteln

3 1 waren – 2 hatten – 3 badete – 4 kam – 5 sprach – 6 wurde – 7 gab – 8 feierten – 9 kam – 10 passierte

4 besonder**er** – mittelalterlich**er** – ideal**er** – eindrucksvoll**e** – alt**en** – traumhaft**e** – Herrlich**e** – märchenhaft**e**

5 1. Nachdem ich meine Sachen gepackt hatte, fuhr ich zum Bahnhof.
2. Nachdem Erika einen Kuchen gebacken hatte, trank sie Kaffee mit ihrer Mutter.
3. Nachdem ich von der Arbeit nach Hause gekommen war, zog ich mich um.

6 1. Elisabeth hatte schon zwei Töchter, bevor sie einen Sohn zur Welt brachte.
2. Ödön von Horváth studierte Germanistik, solange er in München lebte.
3. Ödön von Horváth schreib seine ersten Texte, nachdem er sein Studium beendete.
4. Es fing an zu regnen, sobald wir in Wien angekommen waren.

2 Mein gutes Recht

1 Frau Becker: e – Herr Weinert: a, d, k – Herr Karpf: a, f – Frau Aksu: b, c, i – Herr Röhnert: i, j – Frau Röhnert: a

2 1. von – 2. pro – 3. auf – 4. zu – 5. in – 6. vor

3 Synonyme: 1. unverletztlich – 2. Verpflichtung – 3. ungehindert – 4. gleichberechtigt – 5. ehrenamtlich
Antonyme: 1. notleidend – 2. Gleichberechtigung – 3. wirkungslos – 4. Gerechtigkeit – 5. benachteiligt

4 1. schließen – 2. treffen – 3. bitten, eröffnen – 4. beitreten – 5. einleiten

5 1. verloren zu haben – 2. gespielt zu haben – 3. gestellt zu haben – 4. gegangen zu sein – 5. geworden zu sein

6 1. falsch – 2. falsch – 3. richtig – 4. richtig

3 Digital zu Hause

1 1. 1 Telefonieren – 2 Internet – 3 darf – 4 können – 5 korrigiert – 6 Auf – 7 private – 8 hochladen – 9 Computerspiele – 10 vernetzen – 11 – Netzwerken
2. 1 Gerät – 2 Funktionen – 3 telefonieren – 4 Fotos – 5 Musik – 6 Nachrichten – 7 versenden – 8 surfen – 9 navigieren

2 1. das Telefonat – 2. die Information – 3. die Unterhaltung – 4. die Nutzung/der Nutzen – 5. die (E-)Mail – 6. das Spiel

3 1. Man nutzt Skype, um mit Freunden zu telefonieren und zu chatten.
2. Man braucht ein Handy, um Nachrichten zu schicken und Fotos zu machen.
3. Man nutzt Wikipedia, um sich zu informieren und einen Artikel zu schreiben.
4. Ich habe mich registriert, um in Kontakt zu bleiben und neue Leute zu finden.

4 1. falsch – 2. richtig – 3. falsch – 4. richtig – 5. richtig

5 1 ist/spricht – 2 wegen – 3 um – 4 unter – 5 Wiederhören

4 Einfach lecker?!

1 1. richtig – 2. falsch – 3. richtig – 4. falsch – 5. falsch

2 1 b) – 2 e) – 3 i) – 4 f) – 5 h) – 6 g) – 7 c) – 8 a) – 9 d) – 10 j)

3 1 schockierender – 2 erschreckend – 3 liegenden – 4 steigend – 5 abschreckend – 6 schmeckende – 7 riechenden – 8 fehlende – 9 ausreichend

4 2 wollte er – 3 die „sweet dreams" heißt – 4 war eine – 5 Ich dachte – 6 hingestellt haben – 7 das war – 8 aushalten – 9 gekauft haben – 10 habe ich

5 1 aufgeben – 2 Anlass – 3 bestellen – 4 Feier – 5 liefern – 6 Lieferumfang – 7 Rechnung

5 Natur pur

1 1. b) – 2. c) – 3. a), b) – 4. a), b)

2 1 Eröffnung – 2 Südosten – 3 Fläche – 4 Klima – 5 Höhenunterschiede – 6 Tierwelt – 7 Pflanzenarten

3 a)

1. [Deutschland] (zählt) [zu den waldreichen Ländern.]

2. [Der Wald] (hat) [eine Schutz- und Erholungsfunktion] [im dicht besiedelten Deutschland.]

3. [Im Nationalpark] (geht) [die Natur] [ihre eigenen Wege.]

4. [Der Nationalpark] (bietet) [viele Möglichkeiten zur Beobachtung.]

5. [Durch sein großes Angebot] (ist) [der Nationalpark] [ein Touristenmagnet.]

6. [Es] (bedarf) [vieler weiterer Naturschutzprojekte] [in Deutschland.]

b) a) 5. – b) 2. – c) 6. – d) 4. – e) 1. – f) 3.

4 1. ist – 2. gegeben – 3. hat – 4. geleistet – 5. gegründet – 6. bieten – 7. anpassen – 8. setzen … ein

6 Viel Arbeit

1 1. a), b) – 2. b) – 3. c)

2 a) 1. liegt – 2. spielt – 3. finden – 4. steht – 5. geleistet – 6. hat
b) a) Beachtung finden – b) zur Verfügung stehen – c) keine Rolle spielen – d) auf der Hand liegen – e) einen Beitrag leisten – f) Verantwortung haben

3 Lebenslauf: 1. Persönliche Daten – 2. Bewerbungsfoto – 3. Berufserfahrung – 4. Hochschulbildung – 5. Praktikum – 6. Besondere Kenntnisse und Fähigkeiten – 7. Unterschrift
Bewerbungsschreiben: 1. Ort und Datum – 2. Betreffzeile – 3. Anrede – 4. Einleitung – 5. Gegenwärtige Tätigkeit – 6. Motivation – 7. Grußformel

Lösungen zu den Tests

7 Wo die Liebe hinfällt

1 1. falsch – 2. falsch – 3. richtig – 4. falsch – 5. richtig – 6. falsch . 7. richtig – 8. richtig

2 sei – sei – denke – sei – gäbe – sei

3
1. Im Kaufhaus ist es heute Nachmittag voll.
2. Matthias schreibt abends einen Brief auf Englisch.
3. Ich habe heute Nachmittag mit meiner Mutter telefoniert.
4. Alexander liest einen Roman in der Bibliothek.
5. Ein Pärchen küsst sich in der Öffentlichkeit.

4 1. gefunden – 2. fühlten – 3. ähnlich – 4. nahm – 5. Ende – 6. Abwechslung

8 Lesezeichen

1 1. c) – 2. b) – 3. a) – 4. a)

2
1. Ich lese gerne, aber meistens habe ich dafür keine Zeit.
2. Ich habe nicht so viel Geld, trotzdem kaufe ich mir teure neue Schuhe.
3. Ich bin oft unpünktlich, deshalb ist mein Chef unzufrieden.
4. Ich habe gute Zeugnisse, trotzdem bekomme ich keine Arbeit.
5. Obwohl ich Tag und Nacht arbeite, reicht das Geld nicht für eine weite Reise.

3 1. Trotz – 2. zwar … aber – 3. deshalb – 4. Infolge – 5. so … dass

4 1. Irgendwer – 2. irgendwas – 3. irgendwelche

5 a) richtig – b) richtig – c) falsch – d) falsch – e) richtig – f) falsch – g) richtig

Antizipieren	Fähigkeit, Erwartungen an das im (Hör-/Lese-)Text Folgende auf Grundlage von vorhergehenden Informationen und bereits vorhandenem Wissen zu entwickeln.
Assoziogramm	Visualisierte Sammlung von Wörtern zu einem zentralen Begriff. Die Technik dient im Unterricht u. a. als Einstieg in ein Thema, erleichtert die Organisation von Ideen und aktiviert (Vor-)Wissen. Es gibt verschiedene Formen, z. B. den Wortigel.
Automatisierung	Automatisierung als ein Teilprozess des Lernens ist vor allem durch einen hohen Grad an Sicherheit, ein hohes Maß an Verfügbarkeit und einen relativ niedrigen Grad an Veränderlichkeit geprägt. Automatisierte Tätigkeiten werden nicht bewusst gesteuert. Da sie nicht mit anderen Tätigkeiten interferieren, können kognitive Ressourcen für weitere Aktivitäten freigesetzt werden. Automatisierung im Lernprozess muss aber durch umfängliche Aufgaben- und Übungsformate entwickelt werden. Automatisierte Tätigkeiten sind mühelos und effizient durchführbar.
awareness/noticing	Nach der von R. Schmidt (1990) aufgestellten *noticing*-Hypothese kann nur erworben (zu *intake*) werden, was im Vorfeld bewusst wahrgenommen wurde, d. h. der Aufmerksamkeit zugänglich ist. Somit stellt Aufmerksamkeit eine grundlegende Voraussetzung für das Sprachlernen dar.
Galerie	Verfahren zur Auswertung von Lernertexten und Projektarbeiten. Die Arbeitsergebnisse werden im Klassenzimmer aufgehängt, wenn möglich auch außerhalb des Raumes in Fluren oder anderen passenden Örtlichkeiten. Die KT bekommen hinreichend Zeit, um – wie in einer Galerie – zu schlendern und nach eigenem Ermessen und Interesse die Arbeitsergebnisse zu rezipieren.
Ich-Text	Lernertexte, bei denen die KT über Vorgaben und Sprachbausteine einen Text über sich, ihre Erfahrungswelt und Eindrücke und Beobachtungen verfassen. Ich-Texte sind nach Vorgabe des GER Teil der Portfolioarbeit.
Inferieren	Fähigkeit des Hörers / der Hörerin, Fehlendes unter Nutzung der vorhandenen Informationen und seines / ihres Wissens zu erschließen.
intelligentes Raten	Die KT raten auf Grundlage kontextueller Hinweise und/oder ihres Vorwissens, müssen jedoch eine plausible Begründung für ihren Ansatz vorbringen können. Damit grenzt sich das intelligente Raten von anderen Formen des Ratens ab.
inzidentelles Lernen	Beiläufiges, nicht-intentionales Lernen, welches ohne direkte Absicht erfolgt. Diese Form der Informationsaufnahme und -verarbeitung kann einen Lernprozess auslösen.

Korrekturverfahren	Die Korrektur eines Lerners ist oftmals ein sensibles Thema, was seitens der Lehrkraft immer wieder bewusst gemacht werden muss. Was, wann, wie und warum korrigiert werden sollte, ist von vielen Faktoren abhängig und daher immer fallbezogen zu entscheiden. Es gibt zwei grundlegende Möglichkeiten der Korrektur: 1. Selbstkorrektur durch den Lerner, 2. Fremdkorrektur durch die Lehrkraft. Diese beiden Formen können fremd- als auch selbst initiiert werden. Die Struktur des Korrekturvorganges verläuft häufig in den folgenden Phasen: (1) Erkennen, (2) Benennen, (3) Korrigieren, (4) Bewerten und (5) Erklären des Fehlers. In *sprachbezogenen* Arbeitsphasen ist die Korrektur erwünscht und nötig, in *mitteilungsbezogenen* Phasen tendenziell jedoch eine stärkere Zurückhaltung und Fehlertoleranz seitens der Lehrkraft geboten. Generell lässt sich festhalten: – gesamtes Wissen aus der Mutter- und Fremdsprache einsetzen, – Nachschlagewerke zur Selbstkorrektur nutzen, – (positive) (non-)verbale Signale geben, um den KT auf Fehler hinzuweisen und/oder eine Selbstkorrektur zu initiieren, – eine affektiv-emotional positive Haltung zu Fehlern demonstrieren.
Lesestile	Es werden in der Literatur häufig die folgenden Arten des Lesens unterschieden: 1. Globales/kursorisches/orientierendes Lesen: Der Text wird überflogen. Ziel ist das Verstehen eines Lesetextes als Ganzes. 2. Selektives Lesen: Relevante Einzelinformationen werden aus dem Text gesucht. Ziel: Selektives Verstehen. 3. Detailliertes/totales Lesen: Der Text ist Wort für Wort zu lesen. Ziel: Vollständiges Verstehen bis ins Detail. Zweckmäßig ist es, den Lesestil dem jeweiligen Informationsbedürfnis anzupassen. Das Schema lässt sich ebenso auf den Hörstil übertragen.
mit allen Sinnen lernen	Die Unterrichtsinhalte werden mehrkanalig angeboten. Dabei werden nicht nur – wie häufig im Unterricht – Sehsinn (visuell) und Hörsinn (auditiv) angesprochen, sondern ebenso Geruchssinn (olfaktorisch), Tastsinn (haptisch) und Geschmackssinn (gustatorisch).
Mönchsgang	Die KT schreiten im Rhythmus – z. B. der Silben eines Wortes – durch den Kursraum oder über den Flur und lernen dabei durch vielfache Wiederholung bestimmte sprachliche Strukturen auswendig.
Schreibwerkstatt	Organisationsform für das Schreiben in Gruppen. In regelmäßigen Abständen werden Texte gemeinsam geschrieben, überarbeitet und präsentiert. Die Schreibwerkstatt kann wie im Stationenlernen organisiert werden, d. h. jeder Tisch behandelt eine spezifische Fragestellung. Ebenso ist es möglich, sich im Rahmen der Werkstatt intensiv auf ein spezifisches Thema zu konzentrieren, so bspw. eine Textsorte kennen lernen, erarbeiten und selber nachschreiben.
stummes Gespräch	Die KT reagieren schriftlich auf einen Impuls, ohne dabei miteinander zu sprechen: Sie schreiben Antworten/Meinungen/Reaktionen auf vorbereitete Plakate. Dabei lesen sie, was die anderen KT geschrieben haben, und können, z. B. in einer zweiten Runde, wiederum schriftlich kommentieren. Abschließend werden interessante Aspekte im Plenum oder in Gruppen diskutiert.